Crédito à morte

Crédito à morte
A decomposição do capitalismo e suas críticas

Anselm Jappe

Tradução de Robson J. F de Oliveira

hedra

São Paulo, 2013

Copyright desta edição © Hedra 2013
Copyright © Nouvelles Editions Lignes 2012

Grafia atualizada segundo o Acordo Ortográfico da Língua Portuguesa de 1990, em vigor no Brasil desde 2009.

Corpo Editorial
Adriano Scatolin,
Bruno Costa, Caio Gagliardi,
Fábio Mantegari, Iuri Pereira,
Jorge Sallum, Oliver Tolle,
Ricardo Musse, Ricardo Valle

Edição   Jorge Sallum
Coedição   Leda Cartum
Capa   Ronaldo Alves Filho
Imagem de capa   Foto manifestantes/placas: Marcel·lí Perelló; Jornal: *Evening Standard* - 11 de Maio de 1968
Programação e diagramação em LaTeX   Bruno Oliveira
Revisão   Ieda Lebensztayn

Dados Internacionais de Catalogação na Publicação (CIP)

L947   Anselm, Jappe
A decomposição do capitalismo e de suas críticas. / Anselm Jappe.

São Paulo: Hedra, 2013. 242 p.
ISBN   978-85-7715-107-3

1. Filosofia e política. 2. Capitalismo e crise. 3. Robert Kurz. 4. Grupo Krisis.
I. Título. II. Anselm Jappe.

CDU 351
CDD 350

Todos os direitos desta edição reservados à
EDITORA HEDRA LTDA.
Rua Fradique Coutinho, 1139 (subsolo)
05416-011 São Paulo SP Brasil
+55 11 3097 8304
editora@hedra.com.br
www.hedra.com.br

Crédito à morte — A decomposição do capitalismo e suas críticas reúne onze artigos publicados em diversas revistas entre 2007 e 2010, a respeito do declínio do sistema capitalista e das consequências (diretas e indiretas) desse fenômeno. Este livro se divide em três partes: na primeira, *Pars destruens*, quatro textos desenvolvem uma visão, a partir de diferentes aspectos, sobre o afundamento do capitalismo e sobre as reações suscitadas a partir disso; a segunda parte, *Pars construens*, examina algumas das respostas recentes ao impasse evidente da sociedade capitalista. Já a terceira e última parte do livro, *Pars ludens*, enfrenta o terreno da arte contemporânea e reflete sobre o papel da cultura nesse cenário de decomposição do capitalismo.

Anselm Jappe é filósofo, ensaísta e professor. Nascido na Alemanha, ele estudou em Roma e em Paris; é membro do grupo alemão *Krisis*, em cuja revista publicou diversos artigos, assim como nas revistas italianas *Il Manifesto* e *L'Indice* ou na francesa *Lignes*. É autor dos livros *As aventuras da mercadoria — para uma nova crítica do valor* (Paris: Éditions Denoel, 2003), *A vanguarda inaceitável: reflexões sobre Guy Debord* (Paris: Éditions Léo Scheer, 2004), entre outros.

Olgária Matos é professora titular da Universidade Federal de São Paulo (UNIFESP). Possui pós-doutorado pela École de Hautes Études (Paris, França) e é autora de *Os arcanos do inteiramente outro*, *As barricadas do desejo* (ambos da Editora Brasiliense), entre outros.

Robson J. F. de Oliveira, graduado em letras pela Universidade Federal do Ceará, é mestre em psicologia social e autor de *O fetichismo da mercadoria e a crise o potencial utópico na juventude* (dissertação de mestrado). Atualmente, desenvolve pesquisa de doutorado em psicologia na UERJ sobre Molière, Musil e Beckett.

Sumário

Prefácio, por Olgária Matos 9

Crédito à morte   17

Pars destruens   33
Crédito à morte 35
Violência, mas para quê?. 65
Política sem política 87
A princesa de Clèves, hoje. 101

Pars construens   127
O «lado obscuro» do valor e do dom 129
«*Common decency*» ou corporativismo? Observações sobre a obra de Jean-Claude Michéa . 155
Decrescentes, só mais um esforço...! 183
De uma utopia a outra 195

Pars ludens   203
O gato, o rato, a cultura e a economia..........205
Será que existe arte depois do fim da arte? 227

Prefácio

Crédito à morte: a decomposição do capitalismo e suas críticas evoca a "morte a crédito" de Ferdinand Celine e suas experiências de médico de periferia face às misérias e ao apequenamento do homem em um mundo de antíteses, entre o otimismo tecnológico iniciado no século XIX e o fracasso daqueles incapazes de adaptação aos novos tempos do Capital, insidiosamente enredados no endividamento e na miséria. É a partir disso que se desenvolve a ideia de que viver é comprar sua morte a crédito.

Este livro encontra no próprio capital o percurso de sua "decomposição" e "as reações que ela suscita". Do anti-intelectualismo de massa das elites modernas, passando pelo reordenamento do Estado na vida pública, até o enfrentamento da questão do trabalho e da anarquia do Capital, encontramos nas análises de Anselm Jappe a história da desolação do moderno, daqueles privados de solo e de chão. "Exilados transcendentais" são os deslocados pela aceleração do tempo, pelo fetiche da inovação e do crescimento econômico cego e sua busca de performances.

O trabalho abstrato e o pensamento abstrato, a obsessão em tudo medir e calcular, culminam no desejo de ultrapassar a medida, a vontade de normas e a quantificação das normas no seu ultrapassamento, tudo para "otimizar" o homem. Interrogando-se sobre sua identidade, o indivíduo contemporâneo a encontra liberando-se do finalismo antigo e medieval que orientava na direção da Verdade transcendente e do Bem, com o que se dissolve o ideário clássico à luz dos progressos científicos. Em todos os domínios surge a noção de ir mais longe do que os antecessores, de correr mais depressa, de saltar mais alto, de levantar pesos mais pesados. Diferentemente das "performances" antigas que se incluíam em última instância na finalidade natural e na perfeição natural do atleta, em que não caberia qualquer ultrapassamento dos limites dados pela natureza ao homem, a performance moderna é um traçado inacabado e em aberto, havendo sempre a procura de recordes. Estes, não significando apenas fazer melhor, mas cada vez mais, privam cada um dos usos e do sentido de suas vidas. Circunstância que se manifesta, em particular, como mostra Anselm Jappe, na organização do trabalho. O autor analisa a dimensão existencial e moderna da economia, uma vez que as sociedades tradicionais — como a da Grécia, de Roma e da Idade Média — não se pautavam por ela mas sim pelo tempo livre, o único no qual o indivíduo poderia responder ao "conhece-te a ti mesmo" para ascender à justa vida e ao bem-viver.

Como o tempo é um bem que não pode ser estocado, o mundo contemporâneo não permite nem mesmo dormir; o tempo devendo ser reinvestido em permanência. Para isso, assiste-se ao surgimento de novas profissões ligadas ao "desenvolvimento pessoal" e indústrias da "imagem de si". Ao assalariado de tempo integral, com seu trabalho estável em uma grande empresa, substitui-se o trabalhador intermitente cuja atividade pode ser remunerada de diversas maneiras, salários diretos, terceirização ou autoempresariamento, o que tende a apagar a diferença entre rendas do capital e rendas do trabalho.

Mas o capital também compra sua morte a crédito por suas desregulamentações permanentes, produtoras de desfunções sociais e sofrimentos morais. Anselm Jappe interpreta, na senda da filosofia crítica do valor do grupo Krisis e posteriormente da *Revista Exit*, seu impacto na devastação da própria intimidade e no que, há algum tempo, se compreendia por "viver". Neste sentido, a forma contemporânea do acúmulo, acréscimo e reposição do capital é perversa, pois todos os valores — cuja origem é extraeconômica — apresentam-se, hoje, produzidos pelo mercado, na hegemonia do "trabalho abstrato". Abstração não significa apenas que o trabalho concreto é subsumido pelo abstrato, ou o trabalho vivo pelo trabalho morto, mas que seus mecanismos de esvaziamento do sentido da produção são ao mesmo tempo perda do saber-viver.

Esse movimento do Capital é abstrato de maneira cabal porque o abstrato produz um sistema de dependência de todos com respeito à lógica do mercado: "o valor", escreve Anselm Jappe, "não é uma 'substância' que se desdobra, mas uma espécie de 'nada' que se alimenta do mundo concreto e o consome".

A questão do trabalho baseado na ideologia de resultados, na otimização do tempo e na superação de si diz respeito às mudanças advindas do "novo espírito do capitalismo" que promoveu as transformações na organização da família, do trabalho e da propriedade — precarização da vida familiar, fim da propriedade durável em virtude do nomadismo urbano e rural, proliferação do trabalho temporário. "Em uma sociedade de mercado, a esfera não-mercantil só existe como esfera subordinada e mutilada. Não é uma esfera de liberdade, mas a serva desprezada e, no entanto, necessária, do esplendor mercantil. Ela não é o contrário do valor, mas seu pressuposto. A esfera do valor e a esfera do não-valor formam, em conjunto, a sociedade do valor. [A vida familiar ou a cooperação de vizinhança] não são o que resta de não alienado (Adorno), nem o que escapou à mercantilização. Trazem consigo igualmente as marcas de uma sociedade fetichista."

Crédito à morte é a ideia que o crédito leva, simultaneamente ao endividamento, à especulação, ao esgotamento dos recursos naturais e à insalubridade das práticas da agricultura — dos agrotóxicos aos transgênicos — correndo-se o risco de morrer por isso. Dada a hegemonia do valor de troca e a universalização do prestígio do dinheiro como ideal de ego das sociedades contemporâneas, dá-se o fim da busca de autonomia e de esferas não mercantis da vida individual e coletiva: "em toda parte a esquerda fez a paz com as hierarquias do dinheiro e do poder e as considera inevitáveis [...]. Em contrapartida, esta esquerda quis abolir as hierarquias onde elas podem ter um sentido, desde que não sejam [...] modificáveis: as da inteligência, do gosto, da sensibilidade, do talento. É justamente a existência de uma hierarquia de valores o que pode negar e contestar a hierarquia do poder e do dinheiro, a qual, ao contrário, reina sem concorrente na época em que se nega toda a hierarquia cultural".

Nada mais escapando à lógica do Capital, também a ciência vem a ser um instrumento de dominação psíquica e dissolução ética. Administração de empresas e administração de si mesmo obedecem às mesmas leis, de tal modo que a racionalização da produção dos homens se faz a partir do modelo da produção de bens e serviços; e para tornar os indivíduos produtivos segundo o modelo empresarial, cada qual depende de sua capacidade de gerir a si mesmo. Para a gestão de sua subjetividade, as técnicas do desenvolvimento pessoal proliferam com diferentes técnicas, como a análise transacional, a programação neurolinguística ou a inteligência emocional. As empresas se valem cada vez mais dos novos métodos advindos da psicologia pós-behaviorista e das ciências cognitivas, ingressando profundamente na interioridade de cada um, inviabilizando a crítica do consumo e do conforto que o dinheiro traria. Movimentar-se, mudar com frequência, é mais valorizado do que a estabilidade considerada fracasso, apatia e inação. O "novo espírito do capitalismo", que se separou da ética do trabalho e da poupança, abrange um outro bem, mais fundamental, que é o emprego do tempo. Ele não é mais consagrado aos próximos ou àqueles que nos trazem o prazer de sua companhia lúdica ou afetiva. Intervém, agora, a indústria do entretenimento de massa: "[o] sucesso [da cultura] do 'fácil' [...] não se deve apenas à propaganda e à manipulação, mas igualmente ao fato que tais indústrias vêm ao encontro do desejo 'natural' da criança de não abandonar sua posição narcísica. A aliança entre as novas formas de dominação, as exigências da valorização do capital e as técnicas do marketing são tão eficazes porque se apóiam em uma tendência regressiva já em curso".

Em todos os domínios, observa Anselm, o êxito social se mede pelo viés da competição, sob a pressão de uma engrenagem destrutiva. Cada indivíduo deve dar provas de sua rentabilidade, na incorporação dos valores do mundo econômico: "tudo o que não serve à valorização do capital é um luxo e em tempos de crise o luxo não é de bom tom. Não é uma perversão, mas inteiramente lógico em uma sociedade que fez da transformação do dinheiro em mais dinheiro seu princípio vital". Nessa rede de fetichismos, as reflexões de Anselm Jappe inscrevem-se no campo da crítica da sociedade capitalista contemporânea, em que o crédito é crédito à morte pelos efeitos desagregadores do mercado e sua lógica da ilimitação: "o capitalismo", escreve Anselm, "é a primeira sociedade na história que se baseia na ausência de todos os limites e que o diz o tempo todo. E hoje começamos a ter a medida do que isso significa".

Observação pungente que requer mais uma vez a crítica da alienação produtivista na atualidade e sua transferência ao "Novo Mundo".

Pois, se é verdade que a Europa não dá mais pauta pela ideia de progresso, os países "emergentes" dão, pois estão inseridos nessa nova reorganização produtiva do tempo e do espaço, e, assim, nesse novo exercício do poder, que se denomina globalização.

Crédito à morte

O declínio do capitalismo, que se tornou uma evidência, nem sempre pode ser encarado como a confirmação das críticas lançadas contra ele por seus tradicionais adversários. Pelo contrário, parece que os velhos antagonistas caminham de mãos dadas com o capitalismo para o mesmo lixo da história. A questão da emancipação social começa a ser colocada de uma maneira nova. É preciso que ela seja repensada. Foi a isso que se propôs a "crítica do valor" elaborada na Alemanha a partir dos anos 1980 pelas revistas *Krisis* e *Exit!* e por seu principal autor, Robert Kurz, bem como por Moishe Postone nos Estados Unidos. Em 2003, publiquei *As aventuras da mercadoria — Para uma nova crítica do valor*, no qual tentei resumir a crítica do valor ao público francófono. Esse livro começa com uma análise dos conceitos fundamentais de Marx — o valor, o trabalho abstrato, o dinheiro, a mercadoria — para chegar, por etapas, a considerações sobre o estado atual do mundo e de certo modo polemizar com outras maneiras de criticar o capitalismo contemporâneo.

Nos anos seguintes, coloquei esta teoria à prova utilizando-a como grade de leitura para saber se ela permite, mais do que outras abordagens, compreender como anda o mundo. *Crédito à morte* reúne dez das minhas intervenções no debate na França, publicados entre 2007 e 2010. Embora esses textos tenham sido escritos em diferentes momentos, frequentemente sobre um tema já "dado", no fim das contas todos giram em torno do mesmo assunto, sem no entanto se repetir. Podem ser lidos independentemente uns dos outros, já que foram escritos separadamente e que cada um contém algumas explicações sobre seu plano de fundo teórico, isto é, a crítica do valor e do fetichismo da mercadoria. Dessa forma, podem constituir em certo sentido uma introdução à crítica do valor para aqueles que não leram as *Aventuras da mercadoria* nem outros livros desse movimento publicados. Com efeito, cada texto resume brevemente, segundo sua temática, um aspecto diferente da crítica do valor: a teoria da crise, a estrutura da mercadoria, o fetichismo etc. Pareceu-me preferível deixar esses resumos no interior dos artigos em vez de juntá-los numa espécie de introdução, o que teria ao mesmo tempo desarticulado os textos, tornado impossível a leitura independente da sequência e imposto ao leitor a "travessia do deserto" conceitual preliminar.[1]

---

[1] Com exceção de "O gato e o rato", todos foram ensaios redigidos

Esses textos analisam essencialmente a decomposição do capitalismo contemporâneo e as reações suscitadas por ela. A primeira parte, *Pars destruens*, contém quatro artigos publicados na Revista *Lignes*.[2] "Crédito à morte" foi publicado no número 30 (outubro de 2009) dedicado ao tema da "Crise como método de governo". Este artigo teve uma grande difusão internacional com traduções em italiano, português, grego e holandês. "Violência, mas para quê?" foi publicado no número 29 (maio de 2009) dedicado ao tema da "Violência na política" depois do "Caso Tarnac"[3] também discutido neste artigo. "Política sem política" foi publicado no número 25 (março de 2008), dedicado ao tema da "Decomposição/recomposição políticas". "A princesa de Clèves, hoje" foi publicado em novembro de 2007 no número 23–24 dedicado ao tema "Vinte anos da vida pública e intelectual". Seu título se refere às declarações de Sarkozy que, ainda candidato à presidência da República, julgou escandaloso que a obra de Madame de Lafayette estivesse no programa dos concursos públicos. Essa declaração suscitou uma onda de indignação e de sarcasmos, a ponto de fazer da princesa, mais de três séculos depois, um símbolo da

---

diretamente em francês e publicados em revistas francesas. Todos foram igualmente revistos para essa publicação.

[2] Para a edição brasileira, optamos por inverter a ordem cronológica dos artigos desta primeira parte do livro. [N.d.E.]

[3] O "Caso Tarnac" refere-se à prisão de nove anarquistas, acusados de terrorismo numa ação policial desmedida, em 11 de novembro de 2008, na cidade de Tarnac, localizada no centro da França. [N.d.E.]

revolta contra a política de Estado em matéria de educação. Esses quatro primeiros artigos mantêm o olhar sobre o afundamento do capitalismo que desembocou na crise de 2008. Com efeito, essa crise de repente deu razão ao aspecto da crítica do valor que sempre tinha suscitado maior descrença, tanto à esquerda quanto à direita: a afirmação de que existe um limite *interno* à produção capitalista. Mas esses ensaios não falam somente da autodestruição do capitalismo e de sua queda na barbárie, mas das reações elas próprias destrutivas e bárbaras suscitadas por essa decomposição. Grande parte daquilo que hoje se veste de crítica do capitalismo é aqui considerado como parte do problema, e não como uma parte da solução: o cidadanismo do tipo ATTAC, a caça aos especuladores e as críticas cujo único alvo é a alta cúpula financeira; mas também as propostas de volta à "política" e à "luta de classes", assim como a invocação de uma violência regeneradora, pela qual a sociedade capitalista seria vencida através do uso de suas próprias armas. Essas reações à crise são globalmente aqui designadas como "populismo"; apesar do visível radicalismo, elas não criticam verdadeiramente as bases da produção capitalista, mas limitam-se a propor reformas, procurar bodes expiatórios, retomar formas de antagonismo que, na verdade, afundaram com o próprio capitalismo, ou estão se degenerando com fanfarrice.

Bem que se poderia ter intitulado a primeira seção deste livro "Não", do mesmo modo que a segunda — a *Pars construens* — "Talvez". Ela examina algumas das respostas recentes suscitadas pelo impasse evidente da sociedade capitalista e que, do ponto de vista de uma crítica radical da sociedade mercantil, merecem atenção. Em verdade, apesar de seus limites por vezes até graves, essas abordagens parecem capazes de indicar, nem que seja de longe, caminhos rumo à superação real da sociedade capitalista. Dessa forma, trata-se de um "diálogo crítico". "O 'lado obscuro' do valor e do dom" — publicado no n° 34 da *Revue du Mauss* (segundo semestre de 2009), sobre o tema "O que fazer, o que pensar de Marx hoje?" — faz uma comparação, na principal publicação dos teóricos do "dom", entre a teoria do dom — na forma desenvolvida há trinta anos pelo grupo MAUSS (Movimento anti-utilitarista nas ciências sociais) — e a crítica do valor que tem vários de seus aspectos desenvolvidos nesse artigo. Consequentemente, este artigo pode constituir uma introdução à crítica do valor e ser lido primeiro. " *'Common decency'* ou corporativismo? Observações sobre a obra de Jean-Claude Michéa" foi publicado, depois de breve passagem pelo site da internet do MAUSS, no número 6–7 da revista *Illusio* (2010). Este artigo se dedica à análise de uma das contribuições mais interessantes e originais à crítica social publicadas na França na última década. "Decrescentes, só mais um esforço...!" foi publicado antes, numa versão parcial, no número 258–259 (julho de 2009) da revista espanhola *El viejo topo*, como resposta a uma pesquisa feita sobre o "decrescimento". Ele analisa os méritos e limites dessa proposta que viu seu público crescer fortemente nos últimos anos. "De uma utopia a outra" foi publicado no número 2 de *D'Ailleurs*, revista da Escola regional de arte de Besançon, dedicada às "utopias". Seu objeto é a ambiguidade do conceito de utopia que caiu novamente nas graças de uma parte do público.

Finalmente, a terceira parte, *Pars ludens*, enfrenta um terreno particular: a arte contemporânea e o papel da cultura no declínio do capitalismo. "O gato, o rato, a cultura e a economia" é fruto de uma conferência proferida em 2008 no México, quando do "V Fórum de arte pública", e publicado no número 263 (dezembro de 2009) de *El viejo topo*. Retomei essa conferência em várias escolas de arte na França, encontrando reações bastante positivas, apesar do muito severo julgamento — ou graças a ele? — feito em relação à arte contemporânea e sua submissão à mercantilização da vida. "Será que existe arte depois do fim da arte?" foi publicado em 2007 no catálogo da 9ª Bienal de arte contemporânea de Lyon, intitulado "História de uma década ainda não denominada". Este texto foi muito ampliado; entretanto, mantém seu caráter "seminal", ou seja, trata das bases primeiras de uma pesquisa futura. Algumas vezes, longos desenvolvimentos possíveis estão contidos numa só frase.

Será que é possível qualificar as considerações presentes neste livro como "otimistas" ou "pessimistas"? Por um lado, a crítica do valor sempre prognosticou o esgotamento do capitalismo, e até desfechos catastróficos. *Menê, Tequel, Perês* poderia ter sido outro título para este livro: as palavras misteriosas escritas

— de acordo com o Antigo Testamento (Daniel, V) — por uma mão sobrenatural na parede do palácio do rei Baltazar da Babilônia, no exato momento em que este se achava no auge de sua riqueza. Por essas palavras, o rei tomou conhecimento de que fora pesado na balança, de que fora julgado como leve demais e de que seu reino fora dado a seus inimigos, que esperavam atrás das muralhas. A crítica radical não lamenta em absoluto tal queda, já que não se propõe a salvar "nosso modo de vida". A teoria da crise sempre se defrontou com recusas categóricas, tanto da parte do pensamento burguês quanto da parte dos marxistas tradicionais. Apesar disso, esses últimos anos trouxeram inegáveis confirmações a essa abordagem. Em 2002, dei uma conferência em Londres sobre os situacionistas na qual também mencionei a grave crise do capitalismo. Uma resenha sobre a minha conferência numa publicação marxista inglesa reconhecia que minhas ideias eram interessantes, mas que as "afirmações surrealistas" sobre o "desabamento próximo do capitalismo" acabavam por estragar tudo, infelizmente. Seis anos depois, não tenho muita certeza de que achariam minhas afirmações tão surrealistas assim.

Isso não deixa de ser uma estranha satisfação. Com efeito, a crise nunca esteve tão longe de ser sinônimo de emancipação. Essa constatação, que forma a trama do livro, seguramente não é muito otimista. Mas de nada serviria continuar a não querer *"désespérer Billan-*

court".⁴ A crítica do valor não se propõe a fornecer indicações diretas para o agir imediato. Essa recusa causa amiúde certa decepção em pessoas desejosas de uma crítica social radical, mas que perguntam de pronto "o que fazer com essa bela teoria". Entretanto, é preciso que a crítica dê um jeito de escapar dessa interpelação permanente a indicar soluções no calor do combate. Por mais que seja legítimo esperar que uma crítica da sociedade capitalista também mostre uma *práxis* possível para a superação, há boas razões para se insistir na necessária autonomia da teoria. Em verdade, se só fosse permitido pensar ou dizer aquilo que pode ser traduzido de imediato numa forma de ação, não seria mais possível formular um pensamento radical. A "ruptura categorial" que constitui o horizonte da crítica do valor não pode ser convertida de pronto numa estratégia política, como é o caso das teorias sobre a "multidão" ou do altermundialismo, por exemplo; essa crítica também não pode ser instantaneamente aplicada na própria vida pessoal. Em contrapartida, pensar a ruptura em relação às categorias de base da socialização capitalista, embora não seja algo realizável de imediato, dá a possibilidade de manter aberta uma perspectiva que vai além das inumeráveis propostas na atualidade que visam a mudar o presente sem ter que mudar nada.

---

4 Expressão atribuída a Sartre. Billancourt era a principal concentração de operários franceses. Por metonímia, não se deviam desesperar os operários com notícias que não trouxessem otimismo, pois eles poderiam perder as esperanças. [N.d.T.]

Seguimos à deriva rumo a uma situação em que os seres humanos não passam de "dejetos" (Zygmunt Bauman). O grande número de pessoas que sobrevivem do lixo — no "Terceiro mundo", mas não só — mostram aonde vai finalmente uma humanidade que colocou o processo de valorização como exigência suprema: é a própria humanidade que se torna supérflua no momento em que passa a não ser mais necessária à reprodução do capital-fetiche. Massas crescentes de pessoas não "servem" nem mais para serem exploradas, ao mesmo tempo em que foram-lhes retirados todos os recursos necessários para se viver. E aqueles que ainda dispõem de recursos, no mais das vezes, fazem muito mau uso deles. Nessas circunstâncias, não há outra escolha a não ser retomar o projeto de emancipação humana em novas bases. As velhas receitas não servem muito num mundo tão mudado.

O certo é que a emancipação não pode ser o simples resultado do desenvolvimento do capitalismo, que não se trata de perpetuá-lo mudando apenas os gestores ou "libertando" as forças que ele mesmo teria criado, mas cuja utilização correta não permitiria. Não há tendência histórica ao comunismo, à revolução ou à emancipação, não há teleologia, nem corrente pela qual as forças da emancipação poderiam se deixar levar, não há nada que garanta a vitória, nem estágios que se sucedem naturalmente. Não há forças criadas pelo capital "por trás de suas próprias costas" e que finalmente acabarão por aboli-lo. Não há inversão "dialética", nem astúcia da razão. A emancipação social, se tiver que acontecer, será um salto no desconhecido sem corda de segurança, não a realização de uma sentença emitida pela história.

A tendência ao desastre, em compensação, é bem objetiva: a evolução da sociedade mercantil tem, em verdade, algo de determinado, tendo em vista que suas crises e seu esgotamento estão dentro de seu próprio núcleo, e sua história é o desdobrar-se desse núcleo. O que está programado é a catástrofe e não a emancipação; as coisas quando deixadas a seu livre curso só podem conduzir ao abismo. Se há "leis da história", elas sempre vão no sentido funesto; a liberdade e a felicidade humanas nunca são o seu resultado, mas sempre obtidas *no choque com* essas leis.

A esperança de que o capitalismo não somente é o próprio coveiro de si mesmo — como gerações e gerações de revolucionários proclamaram —, mas também o criador das bases do que virá a substituí-lo não está presente apenas nessa versão "positiva" (herdar o capitalismo, levar ao triunfo o que ele próprio engendrou, que seja o proletariado ou as forças produtivas) mas igualmente, sobretudo nos últimos tempos, numa versão "negativa": para esta visão, o capitalismo é de tal modo devastador que forçará a humanidade a se desvencilhar dele ou, pelo menos, a fazer mudanças drásticas. Mesmo nesse caso, o capitalismo é concebido como o melhor aliado do revolucionário, como a força que produzirá, mesmo que indiretamente, a emancipação, em vez de levar direto ao abismo. É o "catastrofismo"[5] disponível em versão ecológica e/ou econômica: diante do perigo extremo, as pessoas acordarão e um milagre acontecerá. O instinto de sobrevivência fará com que a humanidade pare às bordas do penhasco e reconheça que a continuidade do capitalismo é incompatível com os interesses fundamentais de sobrevivência. Mas infelizmente não existe instinto de sobrevivência generalizado, nem individual nem coletivo. Há aqueles que dirigem o carro falando ao celular ou fumando, e houve já civilizações inteiras que desapareceram em vez de mudar seus hábitos. Além disso, a consciência dos riscos ecológicos não leva necessariamente à emancipação. Pelo contrário, também pode levar a soluções autoritárias, à concorrência extrema para ter acesso aos lugares não poluídos, ou a novas guerras. A derrocada econômica também não traz consigo um vento que sopra rumo à emancipação, como buscam demonstrar vários ensaios da primeira parte deste livro.

A palavra "emancipação" ainda não está tão desgastada quanto a de revolução. Originariamente, emancipação designava a libertação do escravo que, não tendo mais um senhor, tinha acesso à autonomia. Sempre nos emancipamos em relação a alguma coisa, ou seja, trocamos a heteronomia pela autonomia

---

[5] Cf. RIESEL, R. & SEMPRUN, Jaime. *Catastrophisme, administration du désastre et soumission durable* [Catastrofismo, administração do desastre e submissão sustentável]. Paris: Éditions de l'Ecyclopédie des nuisances, 2008.

tornando-nos nossos próprios senhores. Em relação a que seria preciso emancipar-se hoje?

Não se trata apenas de emancipar-se da dominação que um grupo de seres humanos exerce sobre outros: os capitalistas sobre os proletários, os ricos sobre os pobres, os homens sobre as mulheres, os brancos sobre os negros, os países do Norte sobre os do Sul, os heterossexuais sobre os "desviantes"... Por mais que essas exigências sejam justificadas no caso concreto, em geral desembocam na continuidade do desastre com um pessoal de gestão mais mesclado e com uma distribuição das vantagens e desvantagens que nem chega a ser mais igualitária, apenas muda o tipo de injustiça. Esse tipo de procedimento, na melhor das hipóteses, desembocará no direito de todos comerem no McDonald's e votarem nas eleições, ou senão no direito de ser torturado por um policial da mesma cor de pele, mesmo sexo e falante da mesma língua de sua vítima. Não há como escapar dos constrangimentos estruturais do sistema democratizando o acesso a suas funções.

A emancipação não pode ser outra coisa senão a libertação em relação àquilo que impede a autonomia num nível mais profundo e mais geral. Essa emancipação só pode dizer respeito ao sistema capitalista e tecnológico em seu conjunto, sem privilegiar um desses dois aspectos da "megamáquina" (Lewis Mumford): nada de simples "apropriação" da tecnologia industrial por parte de uma sociedade com pretensões "não capitalistas", nada de sair da tecnologia, ou de seus excessos, sem demolir a valorização do valor, o trabalho abstrato e o capital. É preciso centrar fogo no fetichismo, enquanto sistema já pronto e acabado em que nenhuma decisão, pequena ou grande, é mais possível.

Trata-se de manter aberto o horizonte possível, bloquear as derivas rumo a consequências irreversíveis. Se os organismos transgênicos se difundirem por todo lado, ou se chagarmos a fazer a clonagem humana, ou se a camada de ozônio desaparecer, para que mesmo engajar-se pela emancipação social? Num outro plano, pode-se estar certo de que a produção de técnicas de vigilância inauditas, juntamente com a disponibilidade de grande número de pessoas para acolhê-las como signo de garantia de liberdade ou de segurança (seja sob a forma da internet, ships debaixo da pele, nanotecnologias, câmeras de vigilância, Facebook, celulares, cartões de crédito, ou de identificação por meio de impressões digitais — sem contar o fato de que recusar a utilização dessas tecnologias pode tornar qualquer um suspeito a ponto de levá-lo à prisão, como já se viu), tornará quase impossível toda e qualquer oposição estruturada.

É conhecida a frase de Benjamin escrita na época em que o fascismo triunfava: "Marx diz que as revoluções são as locomotivas da história. Mas talvez não seja bem assim. É possível que as revoluções sejam, para a humanidade que viaja nesse trem, o gesto de puxar o freio de emergência".[6] Puxar o freio de emergência:

---

[6] BENJAMIN, W. *Notes préparatoires pour les thèses sur le concept*

eis um gesto que não poderá ser realizado apenas com manifestações nos dias de sábado, ainda menos com eleições ou "decisões do consumidor". Talvez nunca se possa de fato compreender por que os homens reagem de forma tão diferente perante as mesmas situações, os mesmos desafios, para além das circunstâncias "objetivas". Mas isso também quer dizer que tudo ainda é possível.

Em quase cada um dos artigos, pode-se encontrar uma referência às ideias de Jaime Semprun (1947–2010), responsável pela *Encyclopédie des Nuisances*. Ele foi um dos raros intelectuais de nossa época pelos quais eu sentia admiração, apesar de nossas diferenças. É à sua memória que quero dedicar este volume.

---

d'histoire [Notas preparatórias para as teses sobre o conceito de história]. Paris: Gallimard, Vol III, p. 442.

Pars destruens

Crédito à morte

> O *site* na internet do The Guardian mostrava na quinta-feira que o imóvel do Time Square, no coração de Manhattan, que expõe em seu cume o montante da dívida pública americana, não tem mais lugar suficiente para acomodar a quantidade astronômica de bilhões de dólares, precisamente 10.299.020.383, uma enormidade devida notadamente ao financiamento do plano Paulson e ao fato de as agências Freddy Mac e Fannie Mae terem sido colocadas sob perfusão. Foi até preciso eliminar o símbolo "$" que ocupava a última casa do painel para que o transeunte pudesse beber essa cifra até a borra.
> E. Fottorino, "Retour au réel par la case désastre"
> ["Retorno à realidade pela casa do desastre"],
> *Le Monde*, 11 de outubro de 2008.

Quem quer se lembrar agora? O grande medo de outubro de 2008 parece já mais distante do que "o grande medo" do início da Revolução Francesa. Mas naquele momento, tinha-se a impressão de que grandes buracos davam entrada à água que levava a pique o navio. Tinha-se até a impressão de que todo mundo, sem dizê-lo, já esperava por isso há muito tempo. Os *experts* se interrogavam abertamente sobre a solvência até dos Estados mais fortes, e os jornais estampavam em primeira página a possibilidade de uma falência em cadeia das cadernetas de poupança na França. Em reuniões de família, discutia-se acerca da necessidade de se retirar todo o dinheiro do banco e guardá-lo em casa; usuários dos trens se perguntavam, comprando um bilhete com antecedência, se ainda poderiam pegá-los. O presidente americano George Bush se dirigia à nação para falar da crise financeira em termos semelhantes àqueles empregados depois do 11 de setembro de 2001, e o *Le Monde* trazia como título em sua revista de outubro: "O fim de um mundo". Todos os comentadores estavam de acordo para estimar que o que estava acontecendo não era uma turbulência passageira dos mercados financeiros, mas a pior crise desde a Segunda Guerra Mundial, ou desde 1929.

Foi bem surpreendente constatar que os mesmos, do *top manager* aos que recebem as bolsas do governo — que, até a crise, pareciam convencidos de que vida capitalista ordinária continuaria a funcionar durante um tempo indefinido —, poderiam com tanta rapidez se dar conta de que se tratava de uma crise de maior envergadura. A impressão geral de se sentir à beira de um precipício foi algo surpreendente considerando que, em princípio, não se tratava de nada mais do que uma crise financeira da qual o cidadão médio somente tinha conhecimento pelas mídias. Nada de demissões em massa, nada de interrupções na distribuição de produtos de primeira necessidade, nada de caixas automáticos sem dinheiro, nada de comerciantes recusando os cartões de crédito. Nada ainda de crise "visível", portanto. Mas uma atmosfera de fim de reinado. O que apenas se explica supondo que, já antes da crise, todo mundo sentia vagamente, mas sem querer inteiramente dar-se conta disso, que estava caminhando em cima de uma fina camada de gelo ou de uma corda bem esticada. Quando a crise rebentou, nenhum indivíduo contemporâneo parecia, no fundo de si, mais surpreso do que um fumante inveterado ao saber que tem um câncer. Mesmo sem aparecer claramente, a sensação de que não dava mais para continuar "desse jeito" já estava difundida amplamente. Mas talvez aquilo que cause mais espanto seja a celeridade com a qual a mídia jogou para escanteio o apocalipse, para voltar a se dedicar aos pescadores de ostras ou às extravagâncias de Berlusconi; ou os economistas que anunciam com certa segurança que já passou e que tudo vai ficar de novo às mil maravilhas; outra coisa que também causa espanto são os poupadores chegarem perto de seus bancos sem o menor temor de encontrá-los fechados; ou o cidadão médio para quem a crise se resume a férias mais curtas neste ano... Até mesmo os *experts* que nos explicam cheios de manha que nada aconteceu nem nada de desagradável vai acontecer, deveriam ficar preocupados e desconfiar de um alívio e de um esquecimento tão súbitos. Mas eles também continuam a fazer como um doente de câncer que fuma ostensivamente para mostrar a si mesmo que sua saúde está excelente. Eles também já se acostumaram a viver assim. Durante décadas, uma taxa de crescimento insuficientemente elevada era algo considerado uma catástrofe nacional — em 2009 o crescimento foi, pela primeira vez em 60 anos, realmente negativo em muitos países. Sem problemas: o crescimento estará de volta logo no próximo ano, asseguram os imperturbáveis economistas, e cada número positivo, por mais que seja limitado a um país, a um setor produtivo ou a um trimestre, e mesmo que seja apenas o resultado modesto dos gigantescos "programas para aquecer a economia" financiados a crédito pelos governos, é imediatamente apresentado como prova da saída definitiva da crise.

Nada de novo sob a esburacada camada de ozônio: nem a ciência oficial nem a consciência cotidiana conseguem imaginar alguma coisa de diferente daquilo que já conhecem — capitalismo agora e sempre. Ele pode atravessar uma tempestade, pode haver "excessos", talvez os tempos vindouros sejam duros, mas os responsáveis tirarão as devidas lições: os americanos, aliás, finalmente elegeram um presidente provido de razão, e as reformas necessárias vão ser adotadas — depois da tempestade, a bonança! Não é surpreendente que os otimistas a soldo, os únicos normalmente autorizados a se expressar nas instituições e na mídia, anunciem o retorno da primavera cada vez que veem uma andorinha. O que mais poderiam dizer?

Mas no auge da crise de 2008, a mídia se sentiu obrigada a dar de vez em quando a palavra àqueles que tinham uma interpretação "anticapitalista"; portanto, àqueles que apresentavam essa crise como o signo de uma disfunção mais profunda, e eles não perdiam a oportunidade de fazer chamados a "mudanças radicais". Enquanto o "Novo partido anticapitalista"[7] e seus congêneres proclamavam, evidentemente, "nada de pagar pela crise deles", tirando de seus sótãos panfletos que tinham sobrado das manifestações de dez, vinte ou trinta anos antes, os representantes mais conhecidos do que é hoje considerada uma crítica implacável da sociedade contemporânea — isto é, Badiou, Zizek, Negri — tiveram direito a palanques maiores que de costume na imprensa ou, de qualquer maneira, sentiram que suas análises estavam indo de vento em popa. Não deixa de ser um pouco surpreendente que a possibilidade de uma crise de maior envergadura do capitalismo, provocada não por uma resistência dos "explorados" ou da "multidão", mas por um entrave na máquina, não esteja em absoluto prevista em suas análises. E de fato, também explicaram, à sua maneira, que é preciso circular e que não tem nada a ver; que é uma crise como qualquer outra, que passará como as outras passaram, porque a crise é o fundamento normal do capitalismo. Mas o que eles chamam de crise — o desabamento das bolsas, a deflação mundial — não passa, na verdade, de um conjunto de fenômenos secundários. São manifestações visíveis, a expressão na superfície, da crise verdadeira em que eles próprios não

---

[7] Partido trotskista na França cujo principal representante político é Olivier Besancenot. [N. d.T.]

conseguem pensar. Os adversários declarados do capitalismo — esquerda "extrema" ou "radical", marxistas de diversas obediências, "inimigos do crescimento" ou ecologistas "radicais" — são quase todos radicais na crença da eternidade do capitalismo e de suas categorias, por vezes até mais do que alguns de seus próprios apologistas.

Esta crítica do capitalismo só se levanta contra a *finança*, considerada a única responsável pela crise. A "economia real" gozaria de sua sanidade em perfeito estado, e seria apenas aquele tipo de finança já fora de qualquer controle que colocaria em perigo a economia mundial. É por isso que a explicação mais despachada, e também a mais difundida, atribui a culpa de tudo isso à "avidez" de um punhado de especuladores que teriam jogado com o dinheiro de todos como se estivessem num cassino. E, com efeito, considerar os arcanos da economia capitalista, quando ela não está bem, como estando nas ações de uma conspiração de malvados é algo que se inscreve numa longa e perigosa tradição. Seria a pior das saídas possíveis querer designar como bodes expiatórios mais uma vez a "alta finança judia" ou outra qualquer, para despertar a vendeta do "povo honesto" trabalhador e dos poupadores. E não constitui prova de maior seriedade querer opor um "mau" capitalismo "anglo-saxão", predador e sem limites, a um "bom" capitalismo "continental", tido por mais responsável. Vimos que não há quase mais nuanças para distingui-los. Todos aqueles que fazem apelo agora a uma "maior regulação" dos mercados financeiros, da associação ATTAC a Sarkozy, não veem nas loucuras das bolsas nada mais do que um "excesso", uma excrescência sobre um corpo são.

O "anticapitalismo" da esquerda radical não passa de um "antiliberalismo". A única alternativa ao capitalismo que alguma vez ela pôde conceber era constituída das ditaduras de economia dirigida no leste e no sul do mundo; desde que estas entraram em bancarrota, mudaram de rumo ou se tornaram completamente indefensáveis, a única escolha que ainda vislumbram esses anticapitalistas é entre diferentes modelos de capitalismo: entre liberalismo e keynesianismo, entre modelo continental e modelo anglo-saxão, entre turbo--capitalismo financeirizado e economia de mercado social, entre o júbilo das bolsas e a "criação de empregos". Podem existir diferentes modos de valorização do valor, de acumulação do capital, de transformação de dinheiro em mais dinheiro; e é sobretudo a distribuição dos frutos desse modo de produção que pode mudar, o que significa que certos grupos sociais tirariam mais proveito do que outros, certos países mais do que outros. A crise até que será útil ao capitalismo, preveem: os capitais em excesso serão desvalorizados, e já é de conhecimento de todos, desde Joseph Schumpeter, que a "destruição criadora" é a lei fundamental do capitalismo. Impossível imaginar — se quisermos evitar ser taxados de utopistas meio tolos, ou de emuladores de Pol Pot, isto é, de partidários das únicas alternativas ao capitalismo que a consciência dominante ainda sabe evocar — a possibilidade de a humanidade viver de outra forma que não seja com a valorização do valor, a acumulação do capital e a transformação de dinheiro em mais dinheiro. Pode haver um limite *externo* ao crescimento do capitalismo, sob forma de esgotamento dos recursos e de destruição das bases naturais; mas enquanto forma de reprodução social, o capitalismo seria insuperável. Aquilo que o *Le Figaro* declara abertamente, os neomarxistas, os bourdieusianos e os altermundialistas o dizem com perífrases: o mercado é natural aos homens. Os anticapitalistas-antiliberais propõem simplesmente um retorno ao capitalismo "social" dos anos 1960 (indevidamente idealizado, é óbvio), ao pleno emprego e aos salários elevados, ao Estado social e à escola como "elevador social"; alguns bem que gostariam de acrescentar um pouco de ecologia, de voluntariado ou de "setores sem fins lucrativos". Em verdade, eles precisam esperar que o capitalismo recobre os sentidos sem mais tardar e recomece a funcionar a todo o vapor para poder realizar esses belos e onerosos programas.

Para eles, a crise atual representa a ocasião sonhada de enfim encontrar ouvidos atentos às propostas que alimentam há muito tempo. A crise será salutar: constituirá certamente uma pequena sangria para alguns, mas não deixará também de forçar os homens e as instituições a reverem seus hábitos nocivos. Assim, cada um desses benevolentes críticos espera puxar a brasa para sua própria sardinha: regulação dos mercados financeiros, limitação dos prêmios dos *managers*, abolição dos "paraísos fiscais", medidas de redistribuição e, principalmente, um "capitalismo verde" como motor de um novo regime de acumulação e como gerador de empregos. Dessa forma, o negócio fica entendido: a crise é a ocasião para melhorar o capitalismo, não para romper com ele.

Mesmo sob este prisma, eles correm o risco de se decepcionar. No contexto da crise, reações bem opostas estão vindo a lume. Assim, para superar a crise, podem-se pregar medidas ecológicas (como prometem Obama ou Sarkozy) ou, pelo contrário, atacar as próprias proteções sociais existentes em nome da "retomada do crescimento" e da "criação de postos de trabalho" (como faz Berlusconi, como querem as indústrias, principalmente as do setor da construção civil e do setor automobilístico, e uma parte considerável do público).[8] E o que dizer quando os operários demitidos, para obterem melhores condições indenizatórias, ameaçam derramar produtos tóxicos em um rio, como já aconteceu várias vezes na França? Será que veremos

---

[8] "Pregam-se as 'reconversões' (mudar de crença para mudar de atividade) com o intuito de alcançar uma maior sobriedade, acusa-se o 'reinado do carro', o desperdício dos recursos, a invasão da vida pelo trabalho alienado, a maldição do progresso. Porém, basta que a máquina pegue uma gripe, que o setor automobilístico entre em crise, que a publicidade deserte dos jornais e ameace sua saúde financeira, que o desemprego atinja um número razoável de assalariados, para que o tom de voz mude e as velhas certezas voltem à tona ", escreveu Gilbert Rist no dia 26 de novembro de 2008 em um blog próximo do "declínio".

ecologistas se acotovelarem com os *ouvriéristes*?9 A esquerda "radical" terá agora que se decidir: ou passa a uma crítica do próprio capitalismo, embora ele não mais se proclame neoliberal, ou participa da gestão de um capitalismo que incorporou uma parte das críticas contra seus "excessos".

Certos observadores parecem ir mais longe, falando até de um capitalismo que destrói o mundo e que está em vias de se autodestruir. Esses gritos de alarme não parecem denotar uma tomada de consciência em face dos desastres do capitalismo, causados tanto em períodos em que está funcionando "normalmente" quanto naqueles em que se encontra em crise? No entanto, esses ataques não se dirigem, na maior parte dos casos, senão contra a recente fase "desregulada" e "selvagem" do capitalismo, a fase neoliberal, e de modo algum contra o regime de acumulação capitalista como tal, contra a lógica tautológica que manda transformar um real em dois consumindo o mundo concreto como simples matéria-prima para esse crescimento da forma-valor. Para eles, um retorno ao capitalismo "ajuizado", posto que "regulado" e submetido à "política", já deve logicamente resolver o problema.

Será, então, que o discurso "antineoliberal" nega a existência de uma crise na atualidade? Não; mas a única coisa que se quer é curar os sintomas da doença.

---

9 O *ouvriérisme* é a defesa da preeminência dos operários considerados como aqueles que devem organizar a sociedade e a economia. [N.d.T]

Aliás, a incapacidade geral de imaginar a possibilidade de a crise desembocar em outra coisa que não seja de novo no capitalismo forma um contraste patente com a percepção vaga, embora persistente e universal, de viver numa crise permanente. Depois de décadas, a atmosfera está pessimista. Os jovens sabem e aceitam com resignação que viverão pior que seus pais e que as necessidades básicas — trabalho, moradia — serão cada vez mais difíceis de serem obtidas e mantidas. A impressão geral é de estar-se escorregando ao longo de uma encosta. E a única esperança é a de não escorregar rápido demais, e não a da possibilidade de realmente subir outra vez. Há a sensação difusa de que a festa acabou e que os anos de vacas magras vão começar; uma sensação com frequência acompanhada da convicção de que a geração precedente (a dos "*baby-boomers*") devorou tudo, deixando pouco a suas crianças. A maior parte dos jovens na França, pelo menos entre aqueles que conseguem obter algum diploma, ainda estão convencidos de que conseguirão encontrar algum canto para poder sobreviver do ponto de vista econômico: mas nada além disso. Não se pode mais falar de uma crise própria de alguns setores em proveito de outros que, por sua vez, estariam em progressão: o desabamento das bolsas da "nova economia" em 2001, mesmo esta tendo sido apresentada durante anos como o novo motor do capitalismo, demonstra tudo isso. E nós não estamos assistindo à desvalorização de algumas profissões em proveito de outras, como quando os ferradores de cavalos foram substituídos pelos mecânicos de automóveis, algo em que a mania das "requalificações" ainda gostaria de nos fazer crer. Agora, trata-se de uma desvalorização geral de quase todas as atividades humanas, algo visível no empobrecimento rápido e inesperado da "classe média". Se a isso acrescentarmos a consciência, agora já bem ancorada em todas as cabeças, dos desastres atuais e aqueles por vir no meio ambiente, bem como do esgotamento dos recursos, é bem possível dizer que a grande maioria esteja olhando com temor para o futuro.

O que pode parecer estranho é o fato de que a impressão tão difundida de um agravamento geral das condições de vida venha não raro acompanhada da convicção de que o capitalismo está indo de vento em popa, de que a globalização está com fogo em todas as caldeiras e de que nunca houve tanta riqueza. O mundo estaria em crise, mas o capitalismo não; ou, como afirmam Luc Boltanski e Ève Chiapello no início de sua obra *O novo espírito do capitalismo*, publicada em 1999: o capitalismo está em expansão, é a situação social e econômica de grande quantidade de pessoas que está se degradando. Assim, o capitalismo é percebido como uma *parte* da sociedade em oposição ao resto, como o conjunto dos homens que detêm o dinheiro acumulado, e não como uma relação social que engloba *todos* os membros da sociedade atual.

Alguns, que se acham mais avisados, veem no discurso da crise uma simples invenção: seja da parte dos industriais que estão por trás a fim de baixar salários e aumentar os lucros, ou da própria "dominação" para com isso justificar o estado de urgência planetário e permanente. É verdade que as crises, tanto as passadas quanto as atuais, serviram e servem amiúde à legitimação do Estado, sobretudo depois que este não apresenta mais projeto "positivo" e se limita a administrar as urgências, colocando ele próprio em destaque tudo aquilo que não funciona bem (menos a propaganda do passado, voltada ao "todo mundo é feliz graças à sabedoria do governo"). Sua tarefa é criar as condições-de-base para o único objetivo admitido, a única finalidade reconhecida da sociedade mundial contemporânea, onde quer que seja (salvo para os ideólogos em vigor na Coreia do Norte, no Irã e em alguns outros países muçulmanos): permitir aos indivíduos um máximo de consumo de mercadorias e de "desenvolvimento pessoal". Se não existissem crises, os Estados as inventariam, isso é verdade. Mas somente poderiam inventar crises secundárias, não aquelas que ameaçam seus próprios fundamentos. Durante esta crise, nunca se teve tanto a impressão de que as "classes dominantes" não dominavam muita coisa, e de que elas próprias estavam, pelo contrário, dominadas pelo "sujeito autômato" (Marx) do capital.

Uma crítica do capitalismo contemporâneo bastante diferente das evocadas até aqui pôde, contudo, ser trazida à cena. Essa crítica coloca a seguinte questão: e se a financeirização, longe de ter arruinado a economia real, tiver, ao contrário, a ajudado a ter condições de sobreviver para além de sua data de perempção? E se a financeirização tiver dado fôlego a um corpo moribundo? Por que estamos tão certos de que o capitalismo pode escapar ao ciclo do nascimento, crescimento e morte? Será que ele não poderia conter limites *intrínsecos* a seu desenvolvimento, limites que não residem somente na existência de um inimigo declarado (o proletariado, os povos oprimidos), nem unicamente no esgotamento dos recursos naturais?

Durante a crise, citar Marx voltou à moda. Mas o pensador alemão não falou somente de luta de classes. Ele também previu a possibilidade de um dia a máquina capitalista parar por si só, de sua dinâmica se esgotar. Por quê? A produção capitalista de mercadorias contém, desde sua origem, uma contradição interna, uma verdadeira bomba-relógio situada em seus próprios fundamentos. Só pode fazer com que o capital dê frutos, só se pode acumular capital, através da exploração da força de trabalho. Mas o trabalhador, para engendrar um lucro para seu empregador, deve ser equipado das ferramentas necessárias, e hoje isso significa tecnologias de ponta. Disso resulta uma corrida contínua — a concorrência é quem obriga — ao emprego das tecnologias. Cada vez, o primeiro empregador a ter acesso a novas tecnologias ganha essa corrida, porque seus operários passam a produzir mais do que aqueles que não dispõem desses instrumentos. Mas o sistema como um todo perde com isso, porque as tecnologias substituem o trabalho humano. O valor de cada mercadoria singular contém, assim, partes sempre menores de trabalho humano — que é, contraditoriamente, a única fonte de sobrevalor e, portanto, de lucro. O desenvolvimento da tecnologia diminui os lucros em sua totalidade. No entanto, durante um século e meio, a expansão da produção de mercadorias em escala global pôde compensar essa tendência à diminuição do valor de cada mercadoria particular.[10]

Desde os anos 1960, esse mecanismo — que já não era outra coisa senão uma contínua fuga para frente — entravou. Os ganhos de produtividade permitidos pela microeletrônica puseram, paradoxalmente, o capitalismo em crise. Investimentos cada vez mais gigantescos eram necessários para se fazer com que os poucos operários restantes trabalhassem segundo os padrões de produtividade do mercado mundial. O acúmulo real de capital ameaçava parar. Foi nesse momento que o "capital fictício", como denominou Marx, alçou voo. O abandono da convertibilidade do dólar em ouro, em 1971, eliminou a última válvula de segurança, o último ancoradouro da acumulação real. O crédito é somente uma antecipação dos ganhos esperados no futuro. Mas quando a produção de valor, portanto, de sobrevalor, estagna na economia real (o que não tem nada a ver com uma estagnação da produção de coisas — o capitalismo gira em torno da produção de valor e não de produtos enquanto valores de uso), não há nada que possa permitir aos proprietários do capital obter lucros além da finança. E esses lucros se tornaram impossíveis de serem obtidos na economia real. O avanço do neoliberalismo a partir de 1980 não era

---

[10] Uma explicação mais detalhada desse fenômeno pode ser encontrada no ensaio "Decrescentes, só mais um esforço...!". Cf. p. 183.

um jogo sujo dos capitalistas mais ávidos, um golpe de Estado montado com a cumplicidade dos políticos mais complacentes, como insiste em acreditar a esquerda "radical". O neoliberalismo era, pelo contrário, a única maneira possível de prolongar por um pouco mais de tempo o sistema capitalista. Grande quantidade de empresas e de indivíduos puderam alimentar por muito tempo a ilusão de prosperidade graças ao crédito. Agora, essa bengala também se quebrou. Mas o retorno ao keynesianismo, evocado um pouco por todo lado, é algo de todo modo impossível: não há mais dinheiro "real" o bastante à disposição dos Estados, ou seja, não há mais dinheiro que não seja criado por decreto ou pela especulação, do dinheiro que é fruto de uma produção de mercadorias de acordo com os padrões de produtividade do mercado mundial. No momento, "os que decidem" conseguiram adiar um pouco o *Menê, Tequel, Perês*, acrescentando mais um outro zero aos números fantasiosos escritos nas telas e que não correspondem mais a nada. Os empréstimos concedidos para salvar os bancos são dez vezes superiores aos rombos que há vinte anos causavam calafrios nos mercados — mas a produção real (digamos, banalmente, o PIB) aumentou em torno de 20–30%! O "crescimento econômico" dos anos 1980 e 1990 não tinha mais uma base autônoma, era fruto das bolhas financeiras. E quando essas bolhas estourarem, não haverá um "saneamento" depois do qual uma nova retomada terá lugar.

Por que esse sistema ainda não desabou completamente? A quem ele deve sua sobrevivência provisória? Essencialmente, ao crédito. Em face das dificuldades crescentes ao longo do século para financiar a valorização da força de trabalho, portanto para investir em capital fixo, recorrer ao crédito cada vez mais massivo não constituía uma aberração; era inevitável. Mesmo durante o reinado dos monetaristas neoliberais, o endividamento aumentou fortemente. Que esse crédito seja privado ou público, interno ou externo, não muda o caráter do problema. A evolução contínua e irreversível da tecnologia vai cavando em permanência o fosso entre o papel da força de trabalho — que, é bom repetir, é a única fonte de valor e de sobrevalor — e o papel cada vez mais importante dos instrumentos de trabalho, que devem ser pagos com o sobrevalor obtido na exploração da força de trabalho. Consequentemente, o recurso ao crédito só pode aumentar no decorrer dos anos e evoluir até um ponto sem volta. O crédito, que é um lucro consumido antes de ter sido realizado, pode adiar o momento em que o capitalismo vai atingir seus limites sistêmicos, mas não abolir esse limite. Mesmo a mais bela obstinação terapêutica um dia tem que terminar.

O crédito não prolonga somente a vida do sistema enquanto tal, mas também a dos consumidores. Sabe-se que o endividamento privado atingiu cifras enormes, principalmente nos Estados Unidos. E aumenta rapidamente. Pode-se ter uma ideia do futuro desse tipo de vida num país como o Brasil, onde é possível comprar um celular em dez pagamentos e onde a manutenção do carro pode ser paga em três vezes...

Alguns chegam a se extasiar diante dessa "virtualização" do mundo e prognosticam-lhe um grande futuro. Mas somente uma consciência inteiramente pós-modernizada é capaz de crer que uma virtualização sem bases reais poderá durar para sempre. Alguns quiseram colocar em discussão e "desconstruir" o conceito mesmo de "economia real". É certo que cairia como uma luva para muita gente a demonstração de que a ficção vale tanto quanto a realidade, além de ser mais aberta a nossos desejos. Não é preciso, entretanto, ser um grande profeta para prever que as "denegações da realidade", pronunciadas com sorrisos de orelha a orelha há trinta anos, não têm mais muito futuro numa época de crises "reais". O editorial do *Le Monde* já citado está com a razão: "Retorno ao real pela casa do desastre".

Mesmo sob o plano estritamente econômico, a crise está apenas começando. Continuam a existir numerosos bancos e grandes empresas que escondem sua situação desastrosa falsificando seus balanços, e se fala, entre outras falências que estão por vir, de um próximo desabamento do sistema de cartões de crédito nos Estados Unidos. As quantias astronômicas jogadas pelos Estados na economia, abandonando de um dia para o outro a dogmática monetarista em nome da qual se tinham empurrado milhões de pessoas à miséria, e os anúncios de uma regulação maior não têm nada a ver com um retorno do keynesianismo e do Estado social de antanho. Não se trata de investimentos nas infraestruturas, do tipo "New Deal", nem da criação de um poder de compra popular. Essas quantias, por sua vez, aumentaram a dívida pública dos Estados Unidos em 20%, apesar de só terem servido para evitar o desabamento imediato do sistema de crédito. Para um verdadeiro "reaquecimento da economia", seriam necessárias quantias muito mais gigantescas e que, no estado de coisas atual, não poderiam ser obtidas senão criando dinheiro por decreto — o que acabaria numa hiperinflação mundial. Um breve crescimento alimentado pela inflação desembocaria numa crise ainda maior, visto que não se veem em nenhuma parte novas formas possíveis de acumulação que, depois de uma "simulação" inicial feita pelo Estado, estejam na condição de produzir um crescimento que continue em seguida por conta própria.

Mas a crise não é apenas econômica. Quando não há mais dinheiro, nada mais dá certo. Ao longo do século XX, o capitalismo incluiu, para estender a esfera da valorização do valor, setores cada vez mais amplos da vida: da educação de crianças ao cuidado de idosos, da cozinha à cultura, do sistema de aquecimento aos transportes. Nesses campos, viu-se um progresso em nome da "eficácia" ou da "liberdade dos indivíduos" libertos dos laços familiares e comunitários. Agora, estamos vendo as consequências: tudo desmorona se não for "financiável". E não é só do dinheiro que tudo depende, pior ainda: é do crédito. Quando a reprodução real está a reboque do "capital fictício" e as empresas, as instituições e os Estados inteiros apenas sobrevivem graças a suas cotações na bolsa, cada crise financeira, bem longe de dizer respeito somente àqueles que jogam na bolsa, acaba por afetar inumeráveis pessoas em sua vida mais cotidiana e íntima. Os numerosos americanos que tinham aceitado suas aposentadorias em ações e que se encontraram depois dos *cracks* sem nada para a velhice estiveram entre os primeiros a provar dessa morte a crédito. É só o começo; quando a crise repercutir efetivamente na realidade — quando um brutal aumento do desemprego e da precarização chegar trazendo uma forte queda nas receitas do Estado —, veremos setores inteiros da vida social abandonados à arte de sobreviver ao dia a dia.

As diferentes crises — econômica, ecológica, energética — não são simplesmente "contemporâneas" ou "ligadas": são a expressão de uma crise fundamental, a da forma-valor, da forma abstrata, vazia, que se impõe a todo e qualquer conteúdo em uma sociedade baseada no trabalho abstrato e em sua representação no valor de uma mercadoria. É todo um modo de vida, de produção e de pensamento, já com a idade de pelo menos uns duzentos e cinquenta anos, que não parece mais capaz de assegurar a sobrevivência da humanidade. Talvez haja uma "sexta-feira negra", como em 1929, um "dia do julgamento". Mas há boas razões para pensar que estamos vivendo o fim de uma longa época histórica.[11] A época em que a atividade produtiva e

---

[11] O sociólogo Immanuel Wallerstein foi quase o único a ter afirmado nas grandes mídias que o capitalismo tinha chegado, quinhentos

os produtos não servem para satisfazer necessidades, mas para alimentar o ciclo incessante do trabalho que valoriza o capital e do capital que emprega trabalho. A mercadoria e o trabalho, o dinheiro e a regulação estatal, a concorrência e o mercado: por trás das crises financeiras que se sucedem há mais de vinte anos, e cada vez mais graves, perfila-se a crise de todas essas categorias. Categorias estas que — é sempre bom lembrar — não participam da existência humana desde sempre e por toda parte. Elas tomaram posse sobre a vida humana no decurso dos últimos séculos, e poderão dar lugar a algo diferente: melhor ou ainda pior. Talvez haja uma pequena retomada durante alguns anos.[12] Mas o fim do trabalho, do vender, do vender-se

---

anos depois, à sua última etapa e que algo novo ia se colocar no lugar (ver seu artigo "O capitalismo chega ao seu fim" no *Le Monde* de 11 de outubro de 2008). Apesar disso, esse autor não vê na crise atual nada mais do que o estouro de uma bolha especulativa, que vem dos anos 1970; ele a compara a outras crises do passado. Ao prever uma "fase de caos político", de "crise sistêmica" e o fim do capitalismo nas próximas décadas, encontra a causa disso na relação entre "centro" e "periferia", que não é mais a mesma. Logo, sua interpretação é muito diferente daquela que propomos aqui.

[12] Durante as últimas décadas, depois de cada crise assistimos a uma "retomada" — principalmente dos índices das bolsas — que parece demonstrar que tudo isso não passa de uma questão de ciclos, de altos e baixos. Mas nenhuma dessas "retomadas" foi fruto de um novo modo de produção utilizando massivamente o trabalho de maneira rentável. Tratava-se apenas de crescimentos fictícios de valor, obtidos por meio da venda e da compra de títulos cujo capital fictício foi investido por vezes no setor imobiliário, no consumo ou na compra de serviços — o que criou a cada vez bolhas financeiras ainda maiores e ainda mais desprovidas de fundamento.

e do comprar, do mercado e do Estado — todas essas categorias que não são de forma alguma naturais e que desaparecerão um dia, do mesmo modo que elas próprias substituíram outras formas de vida social — é um processo de longa duração. A crise atual não é nem o começo, nem a conclusão, mas é uma etapa importante.

Mas por que essa análise, que é em certa medida a única que se vê confirmada pela crise recente, suscita tão pouca atenção? Ora, essencialmente porque ninguém pode verdadeiramente imaginar o fim do capitalismo. Só de pensar já dá frio na espinha. Todo mundo acha que tem muito pouco dinheiro; mas cada indivíduo se sente ameaçado em sua própria existência, até no plano psíquico, se o dinheiro der algum sinal de se desvalorizar e perder seu papel na vida social. Na crise, os sujeitos se agarram mais do que nunca às únicas formas de socialização que conhecem. Existe um acordo geral pelo menos com relação a uma coisa: sempre vai ser preciso continuar a vender, a se vender e a comprar. É por isso que é tão difícil *reagir* a essa crise ou se organizar para fazer frente a ela: porque não se trata do *eles contra nós*. Seria necessário combater o "sujeito autômato" que é o capital, que habita igualmente em cada um de nós e, consequentemente, é uma parte de nossos hábitos, gostos, preguiças, inclinações, narcisismos, vaidades, egoísmos... Ninguém quer olhar o monstro nos olhos. Quantos delírios nós propomos, em vez de colocar em questão o trabalho e a mercadoria, ou simplesmente o carro! "Grandes cientistas" desembestam a divagar sobre satélites gigantes capazes de desviar uma parte dos raios solares ou sobre aparelhos capazes de resfriar os oceanos. Há a proposta da "produção de legumes em estufas hidropônicas ou até mesmo aeropônicas" e da fabricação de carne "diretamente a partir de células-tronco"; além da busca por mais recursos que vai até, literalmente, a lua: "Ela guarda, entre outros, um milhão de toneladas de hélio 3, o combustível ideal para a fusão nuclear. Uma tonelada de hélio 3 deveria valer em torno de 6 bilhões de dólares, tendo em vista a energia que pode fornecer. E essa é apenas uma das razões pelas quais tantos países se concentram num retorno à lua".[13] Dentro do mesmo espírito, propõe-se que as pessoas se "adaptem" às mudanças climáticas em vez de combatê-las.[14] Em vez de sair do "terror econômico", duplica-se a ameaça: "Mais do que nunca as organizações e os humanos que souberem, quiserem e puderem se adaptar terão um futuro econômico e social. Os defensores do imobilismo poderão perder toda sua empregabilidade"[15] e, assim, desaparecer do mundo. Malthus já tinha dito

---

[13] À guisa de punição, vamos entregar ao público o nome do autor dessas opiniões: "Existe mais crescimento em nós", de Xavier Alexandre, *Le Monde* de 30 de novembro de 2008, "Crônicas dos assinantes".

[14] "Adaptar-se à mudança climática em vez de limitá-la?", *Le Monde* de 21 de agosto de 2009, sobre o estudo que o "Centro de consenso" [!] de Copenhague confiou à fundação científica italiana "Enrico Mattei", ligada ao grupo petroleiro italiano ENI.

[15] Mesma punição que atribuímos ao outro: "O previsível declínio do assalariado", de Camille Sée, *Le Monde* de 09 de agosto de 2009, "Crônica dos assinantes".

isso: a fome é o melhor educador para o trabalho. Tudo o que não serve à valorização do capital é um luxo e, em tempos de crise, o luxo não convém muito. Não se trata de uma perversão, mas de algo bem lógico numa sociedade que alçou a transformação do dinheiro em mais dinheiro à condição de princípio vital.

Quadro apocalíptico, poderão nos retorquir: já nos anunciam o fim do capitalismo desde que nasceu e cada vez que esbarra em alguma dificuldade. Apesar disso, ele ressurge depois de cada crise como a fênix renasce de suas cinzas. Ao mesmo tempo, sai diferente de cada uma dessas crises, sendo muito diferente hoje em relação ao que era em 1800, ou em 1850, ou em 1930. Não estaríamos assistindo a uma nova mutação desse tipo, através da qual o capitalismo muda para trilhar melhor seu caminho? Por que essa crise seria mais grave do que todas as outras nesses mais de duzentos anos? Não poderia o capitalismo continuar a existir sob formas atípicas, entre catástrofes e guerras? Não seria a crise sua eterna forma de existência, como seria também a das sociedades históricas em geral? Fazer a lista de todos os disfuncionamentos do capitalismo atual só pode constituir — a objeção prossegue sua argumentação — a prova de sua crise final quando o breve período fordista de estabilidade é tomado como o único funcionamento possível do capitalismo, todas as suas outras formas de existência sendo consideradas desvios. As guerras civis na África e a refeudalização na Rússia, o fundamentalismo islâmico e a precarização na Europa demonstrariam somente a impossibilidade de estender o modelo fordista ao mundo todo, e não a falência do capitalismo, que, enquanto sistema mundial, consistiria justamente na coexistência de todas essas formas; cada uma, em seu contexto, sendo útil ao sistema mundial. O capitalismo poderia também funcionar muito diferentemente de como funcionou na Europa dos anos 1960: isso só demonstra sua flexibilidade. As devastações causadas por ele, da atomização dos indivíduos, dissolução da família às doenças psíquicas, físicas e à poluição, não seriam um sintoma de desmoronamento — elas criariam necessidades e setores de mercado sempre novos, o que torna possível a acumulação do capital.

Mas essa objeção não se sustenta: o que ela descreve é o nascimento e a perpetuação de formas mutantes de dominação e de exploração, e não a emergência de novos modelos de acumulação capitalista. As formas "não clássicas" de criação de lucro só podem funcionar sob a forma de participação indireta no mercado mundial; logo, parasitando os circuitos globais de valor (por exemplo: vendendo drogas aos países ricos, certos países do "sul" atraem uma parte do "verdadeiro" sobrevalor obtido nos países ricos). Se a criação de valor nos centros industriais se extinguisse, o mesmo aconteceria com os barões da droga e os traficantes de crianças. Até que poderiam forçar seus subalternos a criarem novamente para seus patrões um excedente agrícola, material. Mas nem os defensores mais convencidos da eternidade do capitalismo ainda ousariam nomear isso como um novo modelo de acumulação capitalista.

    Geralmente, é preciso sempre se lembrar que os serviços, em vez de serem um trabalho que reproduz o capital, dependem dos setores produtivos. Não é somente a teoria de Marx que diz isso (e sobre esse ponto específico, ainda mais que sobre outros, ela não chegou até os marxistas), mas até a experiência de todos os dias deixa claro: em tempos de recessão, cultura e educação, preservação da natureza e saúde, financiamentos de associações e defesa do patrimônio, longe de poderem servir de "motor de crescimento", são os primeiros a ser sacrificados pela "falta de finanças". Decerto não se pode "demonstrar" abstratamente que estamos assistindo ao fim da sociedade mercantil plurissecular. Mas certas tendências recentes são efetivamente novas. Um limite *externo* foi atingido, tanto com o esgotamento dos recursos — principalmente do recurso mais importante e o menos substituível: a água potável —, quanto com as mudanças irreversíveis do clima, a extinção de espécies naturais e o desaparecimento de paisagens. Mas o capitalismo também se dirige a um limite *interno*, porque sua linha de desenvolvimento é linear, acumulativa e irreversível, e não cíclica e repetitiva como outras formas de produção. Essa é a única sociedade já existente que contém em sua base uma *contradição* dinâmica, e não somente um *antagonismo*: a transformação do trabalho em valor está historicamente destinada ao esgotamento por causa das tecnologias que substituem o trabalho.

Os sujeitos que vivem nessa época de crise externa e interna sofrem também um desarranjo das estruturas psíquicas que por muito tempo definiram o que é o homem. Esses novos sujeitos imprevisíveis se encontram ao mesmo tempo na posição de gerir potenciais de destruição impressionantes. Finalmente, a redução da criação de valor em todo o mundo traz consigo o fato de que, pela primeira vez, existem — e em todo canto — populações em excesso, supérfluas, que não servem nem mais a serem exploradas. Do ponto de vista da valorização do valor, é a humanidade que começa a ser um luxo supérfluo, um gasto a ser eliminado, um "excedente" — e aqui pode-se dizer que se trata de um fator um tanto novo na história!

Infelizmente, a "crise" não traz a reboque uma "emancipação" garantida. Existem muitas pessoas encolerizadas por terem perdido seu dinheiro, ou sua casa, ou seu trabalho. Mas essa raiva, diferentemente do que sempre acreditou a esquerda radical, não tem nada de emancipatório em si mesma. A crise atual não parece propícia à emergência de tentativas emancipatórias (pelo menos numa primeira fase), mas ao *salve-se quem puder*. Aliás, também não parece muito propícia às grandes manobras de restabelecimento da ordem capitalista, aos totalitarismos, aos novos regimes de acumulação à base de palmatória. O que se anuncia tem antes de qualquer coisa ares de uma barbárie em fogo baixo e nem sempre evidente. Em vez do grande *clash*, podemos esperar uma espiral descendente ao infinito, uma morosidade perpétua deixando o tempo para que o hábito vá criando raízes. Assistiremos seguramente a uma difusão espetacular da arte de sobreviver de mil maneiras e se adaptar a tudo, em vez de um vasto movimento de reflexão e de solidariedade, no qual todos colocam de lado seus interesses pessoais, esquecem os aspectos negativos de sua socialização e constroem juntos uma sociedade mais humana. Para que tal coisa tivesse lugar, primeiramente seria preciso acontecer uma revolução antropológica. É difícil afirmar que as crises e os desmoronamentos em curso facilitarão uma revolução dessa envergadura. E embora a crise comporte um "decrescimento" forçado, não necessariamente ele vem no bom sentido. A crise não atinge em primeiro lugar os setores "inúteis" do ponto de vista da vida humana, mas os setores "inúteis" para a acumulação do capital. Não serão os armamentos a serem reduzidos, mas os gastos com saúde — e uma vez que aceitamos a lógica do valor, é bastante incoerente protestar contra isso. Então, vamos começar com pequenas coisas, a ajuda entre vizinhos, os sistemas locais de troca, a horta no quintal, o voluntariado nas associações, os "AMAP"?[16] Às vezes, até pode ser simpático. Mas querer barrar a derrocada do sistema mundial com esses meios equivale a querer esvaziar o mar com uma colher.

Mas aonde podem chegar essas considerações cheias de desilusão? Pelo menos a um pouco de lucidez. Dessa forma, pode-se evitar engrossar o coro dos populistas de toda cor que se limitam a resmungar

---

[16] Associação de apoio à agricultura camponesa. [N.d.T.]

contra os bancos, as finanças e as bolsas, bem como contra aqueles considerados os que controlam. Esse populismo desembocará facilmente na caça "aos inimigos do povo", na parte de baixo (os imigrantes, no caso da França) e na parte de cima (os especuladores, também no caso da França),[17] evitando toda e qualquer crítica dirigida contra as verdadeiras bases do capitalismo, que aparecem, ao contrário, como sinônimo da civilização a ser salva: o trabalho, o dinheiro, a mercadoria, o capital, o Estado.

Efetivamente, dá vertigem encarar o fim de um modo de vida em que todos estamos afundados até o pescoço e que agora está naufragando sem que ninguém tenha decidido, deixando-nos numa paisagem de ruínas. Todos os pretensos antagonistas de antanho, o proletariado e o capital, o trabalho e o dinheiro acumulado correm o risco de desaparecer em conjunto, atados a sua agonia: é a base comum de seus conflitos que está em vias de desaparecimento.

Para sair dessa situação, é necessário um pulo grande demais no desconhecido, e — o que é compreensível! — todo mundo se recusa a isso de antemão. Mas o fato de vivermos um tal ocaso de época é também uma prodigiosa sorte, apesar de tudo. Logo: que a crise se agrave![18] *Não* se trata de salvar "nossa"

---

[17] Tanto a esquerda como uma certa direita protestaram (pelo menos nos Estados Unidos) contra o salvamento dos bancos.

[18] F. Partant, *Que la crise s'aggrave* [Que a crise se agrave]. Paris: Solin, 1978.

economia e "nosso" modo de vida, mas de empurrá-los ao desaparecimento o mais rapidamente possível, dando lugar nesse ínterim a algo melhor. Tomemos o exemplo dos longos conflitos recentes na educação e na universidade: em vez de se queixar dos créditos reduzidos para a educação e a pesquisa, não seria melhor colocar em questão o próprio fato de a educação e pesquisa estarem condicionadas à "rentabilidade"? Será que é preciso renunciar à vida só porque a acumulação de capital não está mais funcionando?

Enfim, a saída! é o titulo de um quadro de Paul Klee. Já durante a breve crise de outubro de 2008, tinha-se um pouco a impressão de que a tampa não estava aguentando a pressão: começava-se a discutir abertamente acerca das maldades e dos limites do capitalismo. Então, pode-se esperar que durante uma grave crise prolongada as línguas vão se desamarrar, os tabus e os interditos cair por terra, que grande numero de pessoas vão questionar espontaneamente o que consideravam até a véspera como "natural" ou "inevitável" e começar a levantar as questões mais simples e as menos frequentemente levantadas: por que há crise se só o que há são meios de produção? Por que morrer de aflição se tudo que é necessário (e até muito mais) está aí? Por que aceitar que tudo aquilo que não serve à acumulação pare de funcionar? Deve-se renunciar a tudo aquilo que não é pagável? Pode ser que, apesar de tudo, como nas fábulas, seja dita a palavra que vai quebrar o encanto.

Violência, mas para quê?

Qual é a face da violência na França? Para alguém que frequenta habitualmente diferentes países europeus, a primeira imagem de violência, desde o momento em que se chega a uma estação ou aeroporto na França, é a polícia. Nunca vi tantos policiais quanto vejo atualmente na França, principalmente em Paris. Nem mesmo na Turquia na época da ditadura militar. Bem que se poderia pensar que um golpe de Estado estaria em marcha, ou que estaríamos num país que vive sob ocupação inimiga. Na Itália ou na Alemanha, não há nada que se compare no momento. E não são quaisquer policiais: têm um ar de brutalidade e de arrogância que desafia qualquer tentativa de comparação. Basta insinuarmos a mínima objeção, por menor que seja — por exemplo, diante de controles de documentos e da revista de bagagens antes do acesso a um trem, algo como nunca se viu —, para nos sentirmos prestes a ir para a prisão, ou levar golpes de cassetetes ou, finalmente, recebermos a acusação de "resistência frente à força pública". É até difícil imaginar como isso se dá quando se trata de alguém de pele mais escura, ou quando não é possível apresentar os documentos corretos.

Trememos de indignação quando lemos que policiais entram em escolas de ensino fundamental, sob o pretexto de procurar drogas, e aterrorizam crianças com cães e denunciam os professores que tentam proteger seus alunos. Ou quando ficamos sabendo das prisões brutais de jornalistas acusados simplesmente de "delito de opinião". Isso para não falar das condições nas quais se efetuam as expulsões dos *sans papiers*,[19] e do fato de que o ministério tenha fixado antecipadamente o número de infortúnios a serem criados, de destinos a serem espedaçados, à maneira dos números de produção e de prisões estabelecidos por decreto nos tempos da União Soviética (para a polícia).[20]

O que se evidencia é sobretudo a intenção de humilhar, colocada em prática com uma aplicação quase científica. Jornalistas já demonstraram muitas vezes a inutilidade dos controles nos aeroportos, ao embarcarem num avião levando consigo, sem problemas, facas ou componentes de uma bomba. No entanto, continuam a revistar os bebês nos aeroportos e a fazer os pais

---

[19] "*Sans papier*" é uma expressão francesa para os estrangeiros que se encontram em situação irregular no país. [N.d.T.]

[20] *Amnesty international* publicou em 2009 um relatório intitulado "França: policiais acima das leis" que confirma todas essas impressões.

beberem suas mamadeiras; e todo mundo é obrigado a tirar o cinto. Toda vez que passo por isso, não consigo deixar de pensar no processo dos generais prussianos que tinham atentado contra a vida de Hitler em 20 de julho de 1944: para humilhar o máximo possível esses antigos aristocratas, os nazistas lhes tinham dado vestimentas por demais largas nas audiências, sem cintos, e se deleitavam vendo-os sustentando as calças com as mãos...

Não é preciso ler jornais revolucionários para tomar conhecimento dos estragos da polícia e da justiça; basta abrir o *Le Monde*. A inquietude se difunde, até no seio da burguesia liberal. Então, por que há tão poucas iniciativas pela defesa das "liberdades civis"? Assistimos a grandes manifestações pelo "poder de compra" ou contra a supressão de postos de trabalho na educação, mas nunca contra as câmeras de vigilância, e ainda menos contra o passaporte biométrico ou o "navigo"[21] no metrô parisiense que permite seguir o rastro de cada animal.

Essa onipotência da polícia e de uma justiça a serviço do governo é tendência universal: basta lembrar que a Grã-Bretanha, pátria da democracia burguesa, praticamente aboliu o *Habeas corpus* que prevê que uma pessoa detida deve ser apresentada em três dias diante do juiz e cuja introdução, em 1679, costuma ser considerada como o início do Estado de direito e da

---

[21] *Passe Navigo* é o nome do cartão de passagens com chip na França. Funciona com tecnologia de radiofrequência, que capta e memoriza dados à distância. [N.d.T.]

liberdade do indivíduo em face da arbitrariedade do Estado — uma abolição que soa como o encerramento simbólico de uma longa fase histórica. A tendência ao Estado policial parece, entretanto, mais desenvolvida na França do que em qualquer outra "velha democracia". O país foi muito longe no apagamento das fronteiras entre terrorismo, violência coletiva, sabotagem e ilegalidade. Essa criminalização de todas as formas de contestação não estritamente "legais" é um grande acontecimento em nossa época. Vimos ultimamente que fazer grafites ou ser responsável por algum atraso nos trens pode ser considerado "terrorismo". Professores se viram levados ao tribunal por terem protestado verbalmente contra uma brutal "recondução à fronteira" a que assistiram num avião. Os fatos já são conhecidos demais para serem repetidos aqui. A "democracia" é mais do que nunca puramente formal e se limita à escolha periódica entre os representantes das diferentes nuanças da mesma gestão (e até esse resto de escolha é viciado). Toda e qualquer oposição à política das instâncias eleitas que vai além de um abaixo-assinado ou de uma carta ao deputado local é por definição "antidemocrática". Em outras palavras, tudo o que poderia ser minimamente eficaz é proibido, mesmo o que ainda era permitido há não muito tempo. Assim, na Itália, o governo acaba de restringir fortemente o direito de greve nos serviços públicos e introduzir altas multas pelos *sit-in* nas vias onde há trânsito; os estudantes que ainda fazem protestos se viram qualificados como "guerrilheiros" por um ministro.

Nessa concepção da vida pública, toda e qualquer iniciativa cabe exclusivamente ao Estado, às instituições e às autoridades. Aliás, essa monopolização estatal de todas as formas de conflito também se encontra na vida cotidiana. De agora em diante, por toda e qualquer ofensa, por toda e qualquer contenda, recorre-se à justiça. A luta contra o "assédio" muito contribuiu para retirar dos indivíduos a capacidade de reagir pessoalmente aos desagrados causados por outrem, e isso os empurra cada vez mais a uma dependência total em relação às instituições. Não se responde mais a uma injúria com outra injúria, ou no limite com um tapa; mas preenchendo um formulário na delegacia. Desse modo, o que se pretende, principalmente no campo da esquerda, é defender os mais frágeis, em especial as mulheres; na verdade, isso os torna mais frágeis e dependentes do que nunca. Expropriam-nos as formas mais elementares de reação pessoal.[22]

---

[22] Seguramente, a diabolização da violência nas relações cotidianas apenas faz com que ela se desloque para outro lugar. O sociólogo alemão Götz Eisenberg, que analisou os massacres nas escolas na Alemanha, sublinha que os atores desses atos não provêm de "regiões complicadas" ou de meios proletários ou subproletários, nos quais certa violência faz parte da vida, mas das classes médias, das famílias "sem histórias", em que toda expressão das tensões sob forma de violência é tornada tabu. Os *videogames* violentos florescem nesses meios e podem desembocar finalmente no desejo de transportá-los à realidade. O público sente de modo obscuro que essas matanças, chamadas comumente *amok*, indicam-nos uma verdade escondida e que os atores dos massacres —

Ao mesmo tempo, sabe-se que no Iraque os americanos deixam o trabalho sujo essencialmente a empresas privadas — os *contractors* — compostas de mercenários vindos do mundo todo. O número de "agentes de segurança" privados aumenta em toda parte. Na Itália, o governo Berlusconi, que fundamenta seu consenso largamente no racismo em relação aos imigrantes, identificados *in toto* à criminalidade, autorizou por decreto a formação de "rondas" de "cidadãos" para controlar o território. Ele até permitiu que isso fosse financiado por particulares, o que em perspectiva poderá conduzir a "esquadrões da morte", como na América Latina, pagos por comerciantes desejosos de que "limpem" seu bairro.

O reforço do monopólio da violência pelo Estado e sua transferência aos particulares não estão em contradição: a violência é o núcleo do Estado, e sempre foi. Nesses tempos de crise, o Estado se transforma de novo no que foi historicamente em seus primórdios: um bando armado. As milícias se tornam polícias "regulares" em numerosas regiões do mundo, e as polícias se tornam milícias e bandos armados. Por trás de toda a

---

que em geral cometem suicídio ao final de sua "missão" — expressam essa pulsão de morte que ronda, de uma maneira ou de outra, todos os sujeitos da mercadoria (Gotz Eisenberg, *Amok – Kinder der Kälte. Über die Würzeln von Wut und Hass* [Amok – As crianças do frio. As raízes da raiva e do ódio], Reinbeck, Rowoht, 2000, e *...damit mich kein Mensch mehr vergisst! Warun Amok und Gewalt kein Zufall sind* [...assim, ninguém me esquerá mais! Porque o amok e a violência não são fruto do acaso], München: Pattloch, 2010.

retórica sobre o Estado e seu papel civilizador, há sempre, em última análise, alguém que esmaga a cabeça de outro ser humano, ou que pelo menos tem a possibilidade de fazê-lo. As funções e o funcionamento do Estado variaram muito na história, mas o exercício da violência é seu denominador comum. O Estado pode ocupar-se do bem-estar de seus cidadãos ou não; pode garantir a educação ou não; pode construir e manter infraestruturas ou não; pode regular a vida econômica ou não; pode abertamente estar a serviço de um pequeno grupo ou de um único indivíduo, ou, ao contrário, afirmar servir ao interesse comum: nada disso é essencial. Mas um Estado sem homens armados que o defendam do exterior e que salvaguardem a "ordem" interior não é um Estado. Sobre esse ponto, podemos dar razão tanto a Hobbes quanto a Carl Schmitt: a possibilidade de administrar a morte permanece o pivô de toda a construção estatal.

No curso desses últimos séculos, o Estado pretendeu ser muito mais. Ele não quer só ser temido, quer também ser amado: por isso veio a se ocupar em escala historicamente crescente de uma grande quantidade de coisas que antes cabiam a outros atores. Mas desde que a valorização do capital começou a cortar os víveres do Estado, ele recuou e abriu mão de setores cada vez mais amplos, que eram próprios de sua intervenção. Quando não houver mais tantos enfermeiros ou professores no serviço público, haverá cada vez mais policiais.[23] Em tempos de crise, o Estado não tem mais

---

[23] Ou policiais mais bem equipados, já que a substituição do homem

nada a oferecer aos seus cidadãos além de "proteção", e ele tem portanto todo o interesse em perpetuar a insegurança que cria a demanda por proteção. O Estado pode privar-se de todas as suas funções, com exceção da manutenção da ordem. Essa já era a opinião do profeta do neoliberalismo, Milton Friedman: o Estado deve deixar tudo à iniciativa privada, salvo a segurança (é verdade que seu filho David quis ir ainda mais longe ao propor privatizar até o exercício da justiça. Mas isso já era demais, até mesmo para os liberais *hardcore*).

Desse modo, o Estado deixa cair todos os belos ouropéis com os quais se revestira faz mais de um século. Mas não se trata de um passo para trás. A situação histórica é inédita: o Estado se alça à qualidade de *único senhor do jogo*. Nos últimos trinta anos, erigiu um arsenal de vigilância e de repressão que supera tudo o que já se viu, mesmo à época dos Estados ditos "totalitários". Já imaginamos o que teria acontecido se os nazistas e seus aliados tivessem à disposição os mesmos instrumentos de vigilância e de repressão das democracias de hoje? Entre câmeras de vigilância e pulseiras eletrônicas, amostras de DNA e controle de todas as comunicações escritas e verbais, nenhum judeu ou cigano teria escapado, nenhuma resistência

---

pela tecnologia atinge até mesmo as forças da ordem. Mas nunca faltará um representante da "esquerda" para pedir que o Estado invista na "polícia comunitária" em vez de investir na polícia *high-tech*, ou para saudar os policiais que exprimem seu ceticismo perante as "derivas securitárias" do governo, lamentando o fato de não lhes garantirem os meios para agir com eficácia.

teria podido nascer, todo fugitivo de um campo de concentração teria sido recapturado imediatamente. O Estado democrático atual está muito mais equipado do que os Estados totalitários de outrora para fazer o mal, para perseguir de perto e eliminar tudo o que possa fazer-lhe frente. Aparentemente, ele ainda não tem a vontade de fazer desses equipamentos o mesmo uso que seus antecessores; mas e amanhã? Uma lógica fatal empurra os Estados a fazerem tudo o que pode ser feito, tanto mais quanto são os gerentes de um sistema tecnológico que obedece à mesma lógica. E podemos vê-lo todos os dias no uso dos meios de repressão: as coletas de amostras de DNA, que no início eram utilizadas somente em casos mais graves, como os assassinatos de crianças, são agora aplicadas correntemente nos casos de roubos de *scooter* ou para os ceifadores voluntários, e finalmente para todos os delitos, menos para os financeiros (as boas almas de esquerda limitarão seu protesto ao pedido de extensão desse tipo de investigação também a esta categoria de delito, para lutar contra os "privilégios"). Pela primeira vez na história, os governos poderiam reinar sem partilha, apagando toda e qualquer possibilidade de um desenvolvimento futuro diferente do que preveem seus dirigentes. E se eles não forem tão previdentes assim?

    A própria existência de uma dialética histórica pressupõe que o Estado de seu tempo não seja onipotente, e que outras forças possam emergir. Hoje, faz-se de tudo para tornar impossível uma mudança de direção. Entretanto, se olharmos os nomes das ruas presentes em todas as cidades da França, encontramos Auguste Blanqui et François-Vincent Raspail, Armand Barbès e Louise Michel, Édouard Vaillant e Jules Vallès... todos perseguidos em seus tempos, jogados na prisão, deportados, condenados à morte. Reconhecidos hoje, pelo próprio Estado (da boca para fora), como sendo aqueles que tinham razão *contra* o Estado de sua época. O Estado francês se baseia, em sua autodefinição, em duas ou três revoluções e na Resistência à ocupação alemã durante a Segunda Guerra — porém, se seus predecessores tivessem tido as mesmas armas que o Estado de hoje, esse Estado de hoje não existiria. Se o Estado pusesse em prática à risca sua lógica, deveria deixar uma chance a seus adversários... É claro que não vamos pedir ao Estado para respeitar sua própria retórica. Mas se ele quiser retirar dos seus inimigos reais e imaginários a mais ínfima capacidade que seja de agir e reagir, se se propuser a ser mais perfeito que todos os seus predecessores, se se instalar no "fim da história", as consequências poderão revelar-se catastróficas. O Estado tudo fez para que a única "alternativa" a seu reino seja a barbárie aberta. Ele prefere realmente ser julgado por seus inimigos a sê-lo por seus êxitos inexistentes, como já enunciara Guy Debord em seus *Comentários sobre a sociedade do espetáculo* de 1988. Toda política antiterrorista segue esse preceito, e os dirigentes da Argélia talvez o tenham aplicado melhor do que qualquer outro governo.

Portanto: o Estado declara que nenhuma mudança é mais possível, é pegar ou largar. Ele faz isso num momento histórico — início da verdadeira crise econômica, ecológica e energética na qual estamos afundando — em que será cada vez mais difícil para seus cidadãos aquiescer o curso das coisas, por maior que possa ser o hábito da submissão. Então, não se trata de justificar ou, ao contrário, de condenar a difusão de práticas classificadas como "ilegais" e o recurso que o Estado define como "violência". Pode-se simplesmente predizer uma coisa: vai ser muito difícil que os atos de contestação, que não deixarão de aumentar nos próximos anos, respeitem os parâmetros da "legalidade" concebidos precisamente no objetivo de condená-los à ineficácia.[24] Em sua fase ascendente, o movimento operário se colocava essencialmente — e era colocado por seus adversários — fora das leis da sociedade burguesa. Ele bem sabia que as leis não eram neutras, mas promulgadas por seus inimigos. A

---

[24] As questões de legitimidade, mais do que de legalidade, vão ser colocadas de uma forma renovada. É possível que vejamos novamente acusados que, em vez de sempre proclamar sua inocência em termos de lei, defenderão diante dos tribunais com orgulho o que fizeram e aceitarão as consequências. René Riesel deu um exemplo disso no processo que adveio após sua participação na destruição de parcelas de cultivos transgênicos e durante seu encarceramento. (Ver RIESEL, R. *Aveux complets des véritables mobiles du crime commis au* CIRAD *le 05 juin 1999, suivis de divers documents relatifs au procès de Montpelier* [Confissões completas dos verdadeiros móveis do crime cometido no CIRAD em 05 de junho de 1999, seguido de diversos documentos relativos ao processo de Montpelier], Paris: Éditions de l'Encyclopédie des Nuisances, 2001. A grande maioria dos revolucionários históricos entravam e saíam da prisão sem emoções desmesuradas.

ascensão dos "legalistas" no seio do movimento operário, principalmente no fim do século XIX, era considerada por muitos outros adeptos como uma traição. Foi somente depois da Segunda Guerra Mundial que o Estado conseguiu ser plenamente aceito quase por toda a parte como uma instância de regulação que se mantém por cima do embate. Ao mesmo tempo em que as lutas sociais não visavam mais à instauração de uma sociedade totalmente diferente, limitando-se a ser apenas uma negociação acerca da distribuição do valor, o "respeito às regras" tinha se tornado costume na esquerda e marcava a linha fronteiriça em relação às minorias "extremistas".

Mas essas ilusões parecem estar definitivamente se dissipando. Não há mais margem de manobra. Ao mesmo tempo que o Estado não tem mais nada a redistribuir, a incitação à permanência na legalidade perde sua eficácia: falta a contrapartida, o bolo em troca da brandura. Pode-se, então, prever — e desde já observar — um forte aumento dos atos "ilegais" tais como ocupações, sequestros dos chefes de empresa, desmontes, destruições, bloqueios de vias de comunicação...[25]

Atos de sabotagem, portanto. E dá a impressão de que é isso o que as autoridades temem acima de tudo. Eficácia da sabotagem: se hoje os cultivos de plantas

---

[25] Políticos como Olivier Besancenot — que, depois das prisões dos "onze de Tarnac" por supostas sabotagens de uma linha de trem bala na França (TGV), logo declarou que os militantes de seu partido jamais fariam algo do gênero — correm o risco de perder o controle sobre sua "base". Destino histórico dos subleninistas.

que contêm organismos geneticamente modificados (transgênicos) estão parcialmente suspensos na França, e se uma boa parte da opinião pública os recusa, isso ocorre graças aos "ceifadores voluntários", e não por causa dos abaixo-assinados. É significativo que o ministério do interior francês tenha inscrito, já faz alguns anos, a perseguição aos ceifadores entre as prioridades das forças da ordem. Uma desobediência em massa, uma sabotagem contínua, uma resistência duradoura — mesmo sem violência física — seria para os defensores da ordem reinante o *worst case scenario*. Eles preferem a violência aberta e o terrorismo: é o terreno *deles*. Eu mesmo escrevi na revista *Lignes* 25 (2008) que a sabotagem é uma forma possível de ação política, e na ocasião citei justamente os ceifadores noturnos e os desligamentos dos aparelhos biométricos. Nem imaginava à época o risco que corria de me encontrar alguns meses mais tarde na prisão, sob a acusação de ser um instigador do terrorismo.

Refiro-me, é claro, ao "caso Tarnac", ou seja, à prisão de onze jovens em novembro de 2008 acusados de terem sabotado as vias férreas. Aquele que a polícia considerou o "chefe", Julien Coupat, ficou cerca de seis meses na prisão, apesar da evidente falta de provas. Além do mais, a polícia os apresentava como os autores de um opúsculo intitulado *A insurreição que se aproxima*, publicado em 2007 por um "Comitê invisível" (o que, para além do aspecto policial, nem mesmo é negado pelos que *torcem* por eles). A indignação em relação ao Estado que os deixa mofando na prisão para "dar o exemplo" não é suficiente para evitar a surpresa diante da ingenuidade dos autores de *A insurreição que se aproxima*: eles deveriam ter, paradoxalmente, muita confiança na democracia para crer que poderiam, num momento histórico como o nosso, evocar em seus escritos atos de sabotagem à SNCF sem, no fim das contas, sofrer algumas consequências. Mas onde eles pensam que estão vivendo? Na Inglaterra do século XIX? O drama vivido por eles é terem encontrado policiais e juízes bastante cínicos a ponto de entender à risca os fantasmas de violência que expressavam, a ponto de fingir considerá-los tão perigosos quanto sonhavam ser e puni-los pelo que desejariam ter feito... Um pouco como o que aconteceu com Toni Negri na Itália em 1979. E a angelização promovida por seus defensores vai às vezes um pouco longe demais: por que se surpreender com o fato de os investigadores terem tentado apresentar Coupat como uma espécie de Charles Manson, se em *Tiqqun*, revista da qual era redator, era possível ler: "Foi na Alemanha, o movimento de 02 de junho, a Rote Armee Fraktion (RAF) ou os Rote Zellen, e nos Estados Unidos, o Black Panther Party, os Weathermen, os Diggers ou a Manson Family, *emblema de um prodigioso movimento de deserção interior*".[26] Ou ele vai dizer que era só brincadeira e que não precisa odiá-lo por isso? É pouco provável que Coupat seja um Charles Manson, mas é bastante provável que sua

---

[26] "*Parti imaginaire et mouvement ouvrier*" [Partido imaginário e movimento operário], *Tiqqun*, n° 2 (2001), p. 241.

capacidade de fazer análises históricas não vá além das que se exibem num debate de televisão.

Aparentemente, a tacada foi malsucedida para o Estado, e tudo indica que os acusados se livrarão de qualquer suspeita.[27] Além do mais, eles deram o que falar por toda parte e receberam muitos apoios, de camponeses de sua localidade e até de parlamentares, além dos editoriais do *Le Monde*. Mas o golpe estatal foi exitoso, se a intenção era abafar ainda no embrião toda e qualquer tentação de recorrer em massa à sabotagem e anunciar a grandes toques de trombetas a "tolerância zero" para as formas de resistência — os atos de guerra de baixa intensidade — que poderiam nascer nos movimentos sociais em formação. Um verdadeiro "terrorista" não se assusta com alguns meses de prisão; já um cidadão médio exasperado, tentado a agir uma vez ou outra, ao pensar que "não tem nada demais, não vou matar ninguém", poderá deixar de ir adiante se houver o risco de passar uns meses na prisão. E se a humilhação sofrida e a raiva empurrarem novamente alguém para a luta armada, o Estado se regozijará por se encontrar diante de inimigo pelo qual nutre maior afeição.

Em contrapartida, o que o Estado teme são movimentos sem chefe e que fogem do enquadramento. O

---

[27] Pode-se notar particularmente a inteligência política e histórica do ministro do Interior do momento, Michèle Alliot-Marie, que se deu conta, quarenta anos após 1968, do fato de o Partido Comunista Francês não atrair mais os contestadores, confirmando, assim, o papel que teve o partido nos acordos de Grenelle no *containment* da contestação social.

ministro da Educação da França teria abandonado, no final de 2008, seu projeto de reforma do ensino médio por causa da violência crescente e, principalmente, incontrolável (por parte das organizações estudantis e dos líderes) das manifestações dos secundaristas, e por causa do exemplo da revolta da juventude na Grécia, que parece ter causado fortes impressões nos governantes franceses.[28]

Mas é de se esperar que a "violência" não tome a forma de que falam os autores de *A insurreição que se aproxima*. Eles difundem, como já o faziam seus predecessores da revista radical-chic *Tiqqun*, a ideia

---

[28] "É preciso provavelmente colocar na conta da 'síndrome grega' o recuo feito por Xavier Darcos em relação à reforma do ensino médio. Depois da 'consulta' e da 'concordância' do chefe do Estado, o ministro da Educação decidiu adiar por um ano a reforma do ensino secundário, dando uma pirueta tão espetacular quanto inesperada [...] É aí que se pode falar de uma 'síndrome grega'. Em outras circunstâncias, isto é, sem a crise econômica, que traz de volta o peso de fortes ameaças quanto à inserção dos jovens; sem a situação tensa nos subúrbios, que cria o temor de uma explosão de violência cujo pavio pode ser aceso por uma pequena intervenção da polícia; sem o exemplo da Grécia, que cria o medo de uma revolta dos jovens, que se acendem por uma ínfima faísca; é provável que o ministro da Educação não tivesse cedido tão rapidamente assim. Um debate sobre este ponto agitou todo o governo. Os mais prudentes ganharam julgando a situação já muito tensa para que fosse necessário acalmar o jogo. Não é tanto a amplitude do movimento secundarista começado há uns quinze dias o alvo de preocupação, mas o fato de ele ser em grande medida espontâneo, não se encaixando muito bem nos parâmetros, e às vezes violento." F. Fressoz, "Réforme du lycée: un recul symbolique" [Reforma do ensino secundário, um recuo simbólico], *Le Monde*, 16 de dezembro de 2008.

simplória de que é possível tornar a barbarização crescente uma força de emancipação. São fascinados pelo caos que se desenha e querem jogar lenha na fogueira da barbárie,[29] em vez de apostar nas qualidades humanas que talvez representem a única via de saída dessa mesma barbárie. Contrariamente à ideia feita, não há nada de "anarco-comunista" na *Insurreição que se aproxima*, nem de marxista. Veem-se aí, antes do mais, Heidegger e Schmitt: a "decisão",[30] a vontade sem conteúdo que também está no coração da política do Estado. Eles querem simplesmente opor sua vontade à do Estado, ser os mais fortes, bater com o punho na mesa de forma mais barulhenta. Sua desventura judiciária corre o risco de transformá-los em mitos entre os contestadores. Mas mesmo no plano da literatura, a apologia que fazem ao crime gratuito sofre da falta

---

[29] "A regularidade do funcionamento mundial engloba em tempo normal nosso estado de desapossamento propriamente catastrófico. O que é chamado 'catástrofe' não passa da suspensão forçada desse estado, um desses raros momentos em que ganhamos de novo alguma presença no mundo. Que cheguemos antes do previsto ao esgotamento das reservas de petróleo, que se interrompam os fluxos mundiais que mantêm o tempo da metrópole, que vamos ao encontro de grandes desregramentos sociais, que venha o 'enselvajamento' das populações", a "ameaça planetária", o "fim da civilização"! "Qualquer [!] perda de controle é preferível a todos os cenários de gestão de crise" (Comitê invisível, *L'Insurrection qui vient* [A insurreição que se aproxima], Paris: La Fabrique, 2007, p. 66).

[30] "É um fato, é preciso fazer dele uma decisão. Os fatos são escamoteáveis, a decisão é política. Decidir a morte da civilização, ter o domínio de como isso acontece: somente a decisão nos livrará do peso do cadáver." (*L'Insurrection qui vient, op. cit.*, p. 79–80.)

de arejamento, mais de sessenta anos depois de André Breton ter reconsiderado (numa entrevista de 1948) suas idéias sobre "O ato surrealista mais simples".[31]

Em face da sabotagem ou de outras formas de "violência", a questão continua sempre a mesma: quem exerce e com qual objetivo? A esquerda radical não raro confundiu violência, mesmo empregada com objetivos absolutamente imanentes à lógica mercantil, tais como as reivindicações salariais, com "radicalidade". A sabotagem poderá muito bem vir a se confundir com a afirmação violenta de interesses particulares e provocar reações igualmente violentas do outro lado: assim, os que exploram cultivos de transgênicos, levados à ruína pelos ceifadores, não se sentindo defendidos pelo Estado, poderiam recorrer a empresas de segurança privadas. O caráter emacipatório de um movimento de oposição, mesmo começando em boas bases, nunca é garantido — haverá sempre o risco de queda num "populismo" que "supera qualquer clivagem esquerda-direita". A transformação de certos movimentos de resistência ao Estado em máfias que lutam somente por si próprias (como as FARC na Colômbia) é altamente significativa. E quando as "comunas" de que fala *A insurreição* (e cuja concepção lembra um pouco alguns dos *survivalistas* norte-americanos[32] que se preparam

---

[31] Numa entrevista de 1948, reproduzida nas *Entretiens de 1952* [Entrevistas de 1952]. (Gallimard).

[32] Com técnicas de sobrevivência, noções elementares de medicina, estocagem de alimento, construção de abrigos e aprendendo a se alimentar em meio selvagem. [N.d.T.]

para o apocalipse) constatarem que o resto da população não está trilhando o mesmo caminho, passarão a combater somente por sua própria conta. Não será o primeiro caso na história recente.

Já neste momento, em vez de uma crítica do funcionamento do capitalismo — logo, do valor, do dinheiro, do trabalho, do capital, da concorrência —, assiste-se a uma "caça a executivos", a ataques a suas mansões, a sequestros,[33] irrupções nos restaurantes de luxo. Não são necessariamente os "proletários" os mais inclinados à violência, mas principalmente os pequenos e médio-burgueses: poupadores enganados, proprietários cujas casas foram apreendidas. No momento em que lhes derem satisfação, voltarão à obediência da ordem e farão patrulha diante de suas casas com fuzis para defendê-las de outros "predadores". É muito menos provável ver surgir uma revolta popular contra um "projeto de desenvolvimento" causador do corte de uma floresta do que contra um especulador da bolsa de valores que talvez não tenha roubado, no fim das contas, mais do que um euro de cada cidadão. Não haveria uma inveja escondida nessa raiva? Não haveria simplesmente um desejo de ser como eles? Poderemos chegar aos massacres de dirigentes e de seus subalternos, como deseja *A insurreição que se aproxima*, e assim preparar uma nova arrancada do mesmo sistema

---

[33] Que não parecem ser tão raros, embora pouco explorados na mídia para evitar o efeito de imitação, e ainda não chegam ao nível das práticas sul-coreanas, em que os operários às vezes jogam seus patrões do décimo andar ou os banham em gasolina.

após um derramamento de sangue. Uma outra caça ao vigarista e a seus cúmplices políticos, no "caso Stavisky", levou em seu tempo, 1934, a extrema direita ao assalto contra o Parlamento.

"Pode-se encontrar entre os inculpados [dos atos de revolta nos subúrbios] *todos os tipos de perfis cuja unidade se baseia somente na raiva contra a sociedade existente, e não na pertença de classe, raça ou bairro*", diz *A insurreição que se aproxima*.[34] Que seja. Entretanto, o fato de detestar a sociedade existente também não quer dizer nada; é preciso ver se isso ocorre por boas ou más razões. O islamista também é movido pelo ódio a essa sociedade, e os torcedores fascistas nos estádios de futebol gritam "*All cops are bastards*" [Todos os policiais são espúrios]. Os negristas também acreditam em alianças — perfeitamente imaginárias — entre todos os inimigos deste mundo, do kamikaze palestino ao professor em greve, dos habitantes dos subúrbios parisienses aos menores bolivianos — tomara que isso vá pelos ares... Os sentimentos de rejeição engendrados pelo mundo de hoje estão por vezes muito mais próximos do "ódio desencarnado" (Baudrillard) e sem objeto do que da violência tradicional, e dificilmente podem ser incluídos numa estratégia "política", qualquer que seja. E se a guerra civil — a verdadeira — explodisse, não é difícil imaginar quem seriam os primeiros a serem acordados em plena noite e colados ao muro sem qualquer cerimônia, enquanto as mulheres seriam estupradas e as crianças levariam tiros...

---

[34] *L'Insurrection qui vient, op. cit.*, p. 8.

É possível odiar o existente em nome de algo ainda pior. É possível detestar Sarkozy e preferir Mao ou Pol Pot. O sentimento de humilhação, a impressão de ter que se submeter sem poder reagir podem levar tanto à subversão inteligente quanto também aos massacres nas escolas ou nas câmaras municipais. O que ecoa na maioria dos protestos atuais é acima de tudo o medo de se encontrar excluído da sociedade e, assim, o desejo de ainda fazer parte dela. Aquilo de que se quer fugir hoje, em geral, não é mais da "adaptação" a um enquadramento social julgado insuportável, como em 1968 e depois, mas da marginalização em uma sociedade que se reduz como a *peau de chagrin*.

Admirar a violência e o ódio enquanto tais ajudará o sistema capitalista a descarregar a fúria de suas vítimas em bodes expiatórios. Muitas coisas se degradaram, a violência e a ilegalidade também. É muito provável que a couraça da "legalidade" não demore a se estilhaçar, e não há o que lamentar. Mas nem todas as razões que empurram à violência são boas. Talvez a violência só devesse encontrar-se nas mãos de pessoas sem ódio e sem ressentimento. Mas será isso possível?

Política sem política

No início, o "primado da política" era uma ideia cara ao jurista do *Führer*, Carl Schmitt. Mas, desde há muito, foi a esquerda "radical" que uniu seu destino a um "retorno da questão política", em que a "política" é considerada como sendo em si mesma o contrário do "mercado". Será preciso, portanto, convencer-se de que a oposição ao capitalismo, ou a suas derivas contemporâneas, deve tocar o que se chama habitualmente de política? É evidente que nada teria mudado se quem tivesse ganhado a eleição de 2007 na França fosse a candidata socialista Ségolène Royal em vez de Sarkozy. Mas mesmo se os trotskistas, que pegaram a batuta dos social-democratas tornados liberais, participassem do poder na França, não abalariam o mundo. Na Alemanha, o "Partido do socialismo democrático" participa dos governos regionais; na Itália, *Rifondazione comunista* tinha seus ministros; e até mesmo os *Centri sociali* italianos, com frequência considerados a nata do antagonismo, fornecem secretários às prefeituras. Por toda parte, esses representantes da esquerda "radical" acabam por avalizar políticas neoliberais. Então, seria preciso fundar partidos "verdadeiramente" radicais que não se atolassem na mesma lama? Ou as razões dessas "traições" são estruturais, e a participação na política conduz inevitavelmente a entregar-se ao mercado e às suas leis, independentemente das intenções subjetivas?

Convém, então, colocar uma questão preliminar: o que entendemos nós pela palavra "política"? Há uma confusão semelhante à que rodeia o "trabalho" e sua crítica. Criticar o trabalho não teria nenhum sentido se o identificássemos com a atividade produtiva enquanto tal, que, decerto, é um dado presente em toda sociedade humana. Mas tudo muda quando entendemos por trabalho aquilo que a palavra designa efetivamente na sociedade capitalista: o dispêndio autorreferencial de simples força de trabalho sem relação com seu conteúdo. Assim concebido, o trabalho é um fenômeno histórico, pertencente apenas à sociedade capitalista, portanto pode ser criticado e eventualmente abolido. Com efeito, o "trabalho", que todos os atores do campo político querem salvar, tanto à esquerda, como à direita e ao centro, é o trabalho entendido em seu sentido restrito. Do mesmo modo, o conceito de "política" deve ser claramente definido. Se o identificamos com o agir coletivo, com a intervenção coletiva dos homens na sociedade, com um *amor do mundo*

(Arendt), é evidente que ninguém poderia ser contra, e uma "crítica da política" somente poderia ser concebida como uma simples indiferença ao mundo. Mas aqueles que pregam habitualmente um "retorno à política" têm uma ideia muito mais específica do significado da "política", cujo desaparecimento, mesmo que em suposição, causa-lhes graves crises de abstinência. A evocação ritual da "política" como única via possível para mudar o mundo é o pivô da "esquerda" atual, dos sociólogos bourdieusianos à *Multitude*, de ATTAC à esquerda "radical" eleitoral. Apesar da intenção manifesta de fazer uma política "completamente diferente", recaem sempre no "realismo" e no "mal menor", participam das eleições, exprimem-se sobre os referendos, dissertam em torno da possível evolução do Partido socialista, querem fazer alianças, concluir algum "compromisso histórico". Em face desse desejo de "participar do jogo" — e quase sempre na posição de "representante" de algum "interesse" —, é preciso trazer à lembrança os movimentos e momentos de oposição radical que fizeram "antipolítica": dos anarquistas históricos às vanguardas artísticas, de certos movimentos no hemisfério sul, tais como *Crítica Radical* em Fortaleza, Brasil, à greve selvagem de maio de 1968 na França e à insubordinação permanente nas fábricas italianas durante os anos 1970. Essa "antipolítica" fica tão distante da renúncia da intervenção consciente quanto a "antiarte", a recusa da arte nos dadaístas, surrealistas e situacionistas, que não era uma recusa dos meios artísticos, mas era concebida, em vez disso, como a única forma de permanecer fiel às intenções originais da arte.

Mas será possível crer que a política é a esfera social que poderia permitir a imposição de limites ao mercado? A política seria por natureza "democrática" e oposta ao mundo econômico capitalista onde reina a lei do mais forte?

A sociedade capitalista moderna, baseada na mercadoria e na concorrência universal, precisa de uma instância que se encarregue das estruturas públicas sem as quais não poderia existir. Essa instância é o Estado, e a "política" no sentido moderno (e restrito) é a luta feita em torno de seu controle. Mas essa esfera da política não é exterior e alternativa à esfera da economia mercantil. Ao contrário, ela depende estruturalmente desta. Na arena política, há muitas disputas pela distribuição dos frutos do sistema mercantil — o movimento operário desempenhou essencialmente esse papel — mas não em torno da sua existência. A prova visível: nada é possível em política que não seja primeiramente "financiado" pela produção mercantil, e quando esta última vai a pique, a política se transforma em choque entre bandos armados. Essa forma de "política" é um mecanismo de regulação secundário no interior do sistema fetichista e não consciente da mercadoria. Ela não representa uma instância "neutra", nem uma conquista que os movimentos de oposição teriam arrancado da burguesia capitalista. Com efeito, a burguesia não é necessariamente hostil ao Estado ou à esfera política — depende da fase histórica.

Os mantenedores contemporâneos da "política" traem a intenção original do "agir", porque o reduzem a ajustamentos de uma máquina aceita como tal. Hoje, o "agir" deve fazer frente a situações que são por demais graves para serem afrontadas com os velhos meios de que dispõe a política. O contexto é doravante o de uma verdadeira mutação antropológica que tanto é o resultado de mais de duzentos anos de capitalismo quanto de sua autodestruição programada que se tornou visível desde há algumas décadas. Esta regressão se estende até a *barbarização*. Em face da multiplicação de casos como o de adolescentes que filmam, rindo, com seus celulares, uma colega de classe que acaba de ser morta por um ônibus, para colocar em seguida as imagens no Youtube, não basta evocar o desemprego, a precariedade ou os defeitos da escola: estamos assistindo a uma "regressão antropológica" generalizada (o que não quer dizer uniforme). Essa regressão parece ser fruto de um profundo desmantelamento psíquico coletivo, de uma psicose narcísica, consequência do fetichismo da mercadoria e da relação que ele institui entre o indivíduo e o mundo. Perante essa crise de civilização, ninguém pode honestamente propor remédios com efeito em curto prazo. Mas justamente, já que a situação é tão grave, reforçamos o mal se reagimos dizendo: ajamos rápido e de qualquer maneira, não temos tempo para discutir, a práxis é melhor do que a teoria. Nessa época do capitalismo financeiro e molecular, não podemos nos satisfazer com as formas de oposição da época fordista.

Uma primeira condição para retomar o caminho da perspectiva do "agir" é romper definitivamente e de forma inequívoca com toda e qualquer "política" no sentido institucional. Hoje, a única "política" possível é a separação radical em relação ao mundo da política e de suas instituições, da representação e da delegação, para se poderem inventar em seu lugar novas formas de intervenção direta. Nesse contexto, parece bastante inútil discutir com pessoas que ainda querem *votar*. Aqueles que, quase cento e quarenta anos depois da introdução do sufrágio universal, ainda correm às urnas só podem merecer as palavras pronunciadas já em 1888 por Octave Mirbeau[35] ou, em 1906, por

---

[35] "Uma coisa me espanta prodigiosamente, eu ousaria dizer que me estupefaz: é que no momento científico em que escrevo, após inumeráveis experiências, após escândalos cotidianos, ainda possa existir em nossa querida França [...] um eleitor, um único eleitor, este animal irracional, inorgânico, alucinante, que consinta desviar-se de seus afazeres, de seus sonhos, de seus prazeres, para votar em favor de alguém ou de alguma coisa. Quando deixamos a reflexão assentar-se, por um só instante que seja, não será esse surpreendente fenômeno feito para desviar as filosofias as mais sutis e confundir a razão? Onde está o Balzac que nos dará a fisiologia do eleitor moderno? E o Charcot que nos explicará a anatomia e as mentalidades desse incurável demente? [...] Ele votou ontem, votará amanhã e sempre votará. Os cordeiros vão ao abatedouro. Nada se entredizem nem nada esperam. Mas pelo menos não votam no magarefe que os matará, nem no burguês que os comerá. Mais besta que as bestas, com um espírito de cordeiro maior do que o dos cordeiros, o eleitor nomeia o seu magarefe e escolhe seu burguês. Ele fez revoluções para conquistar esse direito [...] então, retorna a tua casa, bom homem, e faz a greve do sufrágio universal." (publicado no *Le Figaro* de 28 de novembro de 1888; retomado em O. Mirbeau, *A greve dos eleitores*, tradução de Plínio Augusto, São Paulo:

Albert Libertad.³⁶ A conquista do sufrágio universal foi um dos grandes combates da esquerda histórica. Entretanto, o eleitor de direita é menos palerma: ele obtém por vezes o pouco que espera de seus candidatos, até mesmo fora de todo e qualquer programa eleitoral — por exemplo, a tolerância em relação à evasão

---

Editora Imaginário, 2000. — Cento e vinte anos depois desse chamado à "greve dos eleitores", ainda é possível, e necessário, repetir os mesmos argumentos. Com exceção de alguns nomes, poder-se-ia imprimir o texto de onde essas linhas foram extraídas e distribuí-lo como panfleto: ninguém se aperceberia de que essa linhas não foram escritas nos dias atuais, mas nos inícios da "IIIª república". Visivelmente, no decurso de mais de um século, os eleitores não aprenderam nada. Esse fato, é bem verdade, não é muito encorajador.

³⁶ "O criminoso é o eleitor [...] Tu és o eleitor, votador, aquele que aceita o que existe; aquele que, pela cédula de votação, sanciona todas as suas misérias; aquele que, votando, consagra todas as suas servidões [...] Tu és um perigo para nós, homens livres, para nós anarquistas. Tu és um perigo equivalente aos tiranos, aos mestres que te dás a ti mesmo, que tu nomeias, que tu apoias, que tu proteges com tuas baionetas, que tu defendes com tua força bruta, que tu exaltas com tua ignorância, que tu legalizas com tua cédula de votação, — e que tu nos impões por tua imbecilidade. [...] Se candidatos esfomeados por comando e embebidos na insipidez passam carinhosamente a escova no lombo e na garupa da tua autocracia de papel; se tu te enches das cinzas do incenso e das promessas que te derramam aqueles que sempre te traíram, que te enganam e que te venderão amanhã: é porque tu mesmo te lhes assemelhas. [...] Vamos lá, vota bem! Tem confiança em teus mandatários, crê em teus eleitos. Mas para de te lamentar. O jugo que tu sofres, és tu mesmo quem te impõe. Os crimes por que tu sofres, és tu mesmo quem os comete. És tu o mestre, és tu o criminoso e, por ironia, és tu o escravo, és tu a vítima". — Ver Albert Libertad, *Le culte de la charogne. Anarchisme, un état de révolution permanente* [O culto da carniça. Anarquismo, um estado de revolução permanente] (1897–1908), Marselha: Agona, 2006.

fiscal e às violações dos direitos trabalhistas. Seus representantes não os traem demasiado; e o eleitor que só vota no candidato que vai empregar seu filho ou obter grandes financiamentos para os camponeses de sua pequena cidade, no fim das contas, é o eleitor mais racional. Muito mais imbecil é o eleitor de esquerda: mesmo sem nunca ter obtido aquilo por que votou, persiste. Não obtém nem a grande mudança nem as migalhas. Deixa-se ninar só pelas promessas. Deste modo, os eleitores de Berlusconi na Itália não são otários, não são simplesmente seduzidos por seus canais de televisão, como seus adversários querem fazer crer. Eles tiraram vantagens limitadas, mas reais, de seu governo (e sobretudo de seu *laisser-faire*). Mas votar ainda na esquerda depois de ela ter estado no governo só pode ser — e aqui podemos dar razão a Mirbeau — da ordem do patológico.

A recusa da "política" assim concebida não se deve a um gosto estetizante pelo extremismo. Em face da ameaçadora regressão antropológica, apelar para o parlamento é semelhante à tentativa de acalmar um furacão com uma procissão. As únicas propostas "realistas" — no sentido de que poderiam efetivamente significar uma inflexão no curso das coisas — são deste gênero: abolir imediatamente, a partir de amanhã, toda a televisão. Mas será que existe algum partido no mundo que ouse assumir como seu um programa assim? Quais medidas adotamos nas últimas décadas para entravar verdadeiramente o progresso da barbárie? A resposta dada é que pequenos passos são melhor do que nada.

Mas onde é que esses pequenos passos foram dados? Há trinta anos, os mais corajosos propunham a instauração de um dia sem televisão por semana. Hoje, há centenas de canais acessíveis. Se nada se pôde fazer para impedir uma deterioração contínua, isto significa dizer que os objetivos e os métodos estavam errados e que é imperativo que tudo seja repensado. E é evidente que não se poderá levar isso a cabo poupando o público, nem passando na televisão.

Existem alguns exemplos de um agir antipolítico: os "ceifadores voluntários" antitransgênicos, principalmente aqueles que agem de noite, ligando-se assim à tradição da sabotagem, em vez de pretender um efeito midiático, ou as ações visando a deixar aparelhos de vigilância e de controle biométrico sem condições de causar danos. Poderíamos igualmente citar os habitantes da Val di Susa, nos Alpes Italianos, que por várias vezes impediram a construção de uma linha de TGV (Trem de Grande Velocidade) nas montanhas em que vivem. Essa prevalência de lutas "defensivas" não significa necessariamente a ausência de uma perspectiva universal. Pelo contrário, essas lutas contra os piores dos "danos" ajudam a manter aberta essa perspectiva. É preciso pelo menos salvaguardar a *possibilidade* de uma emancipação futura em face da desumanização operada pela mercadoria que corre o risco de impedir para sempre toda e qualquer alternativa. Aqui, novas frentes e novas alianças poderão ser constituídas. Há assuntos — como a expropriação dos indivíduos de sua própria reprodução biológica, tornada pública sob o nome de "técnicas de fecundação artificial" — sobre os quais a esquerda modernista se posiciona em sintonia tão completa com os delírios de onipotência tecnológica do capitalismo contemporâneo, que até os posicionamentos do Papa parecem, por comparação, assumir um ar de racionalidade. O contrário da barbárie é a humanização. Esse conceito é bastante real, mas difícil de ser perscrutado. Uma "política" possível seria hoje a defesa dos pequenos progressos alcançados historicamente na humanização e a oposição à sua abolição. O capitalismo contemporâneo não é somente essa injustiça econômica que sempre se mantém no centro dos debates; e nem a catástrofe ecológica causada por ele consegue fechar a lista de seus danos. O capitalismo é igualmente um desmonte — uma "desconstrução" — das bases simbólicas e psíquicas da cultura humana, visível principalmente na desrealização operada pelas mídias eletrônicas; em relação a essa dimensão do problema, continua sendo sem importância que seja Sarkozy ou Royal,[37] Besancenot[38] ou Le Pen[39] a ocupar a telinha.

A prática deve ser reinventada, mas sem ceder à injunção de "fazer alguma coisa, e imediatamente", que sempre empurra à reedição de formas já vistas e já abortadas. O verdadeiro problema consiste no confinamento geral — que é sobretudo mental — nas formas

---

[37] Candidata socialista derrotada por Sarkozy em 2007. [N.d.T.]
[38] Candidato trotskista que goza de bastante espaço midiático. [N.d.T.]
[39] Político de extrema direita. [N.d.T.]

de existência fetichistas, tanto em partidários quanto em presumidos adversários do sistema da mercadoria.⁴⁰ Lutar para romper essas formas ancoradas em todas as cabeças, retirar do dinheiro e da mercadoria, da concorrência e do trabalho, do Estado e do "desenvolvimento", do progresso e do crescimento, seus ares de inocência e de evidência — tudo isso é da ordem dessas "lutas teóricas" que se situam para além da oposição petrificada entre "teoria" e "*práxis*". Por que a análise da lógica da mercadoria ou do patriarcado seria "somente" teoria, enquanto que qualquer greve por salários ou qualquer manifestação de estudantes que protestam por uma universidade que os prepare melhor para o mercado de trabalho seriam consideradas como "práxis" ou "política"?

Antes de agir, os homens pensam e sentem, e a maneira como agem deriva daquilo que pensam e sentem. Mudar a maneira de pensar e de sentir dos homens já é uma forma de agir, de *práxis*. Uma vez que há verdadeira clareza, pelo menos para uma minoria, acerca dos objetivos do agir, a realização pode vir muito rápido.

---

⁴⁰ Aliás, um dos novos dados com o qual a práxis anticapitalista deve se confrontar hoje reside na queda das fronteiras entre partidários e adversários do sistema e na difusão de pedaços de pensamento crítico em muitos indivíduos que, ao mesmo tempo, participam plenamente da marcha do mundo: eles leem Marcuse e trabalham na publicidade, administram empresas e doam dinheiro para os zapatistas, declaram-se anarquistas e têm carreiras administrativas... Claro que é preciso viver, mas não dá para ser ingênuo. Trata-se de um verdadeiro "mitridatismo" contra as tomadas de consciência capazes de incomodar uma existência.

Basta pensar em maio de 1968, que chegou aparentemente como uma surpresa, mas que fora preparado silenciosamente por minorias clarividentes. Em contrapartida, já se viu com frequência — e mais do que nunca na Revolução Russa — aonde podem levar as maiores ocasiões de agir quando falta uma verdadeira clareza teórica preliminar. Uma clareza que não se desenrola necessariamente nos livros e nos colóquios, mas que deve estar presente nas cabeças. Em lugar de identificar a política com as instituições públicas da sociedade mercantil, pode-se identificar a política com a *práxis* em geral. Mas não se pode opor abstratamente essa *práxis* à teoria. A teoria de que se trata aqui não é aquela que serve à *práxis*, nem é a sua preparação, mas sim parte integrante dela. O fetichismo não é um conjunto de falsas representações; ele é o conjunto das formas — tais como o dinheiro — no qual a vida *realmente* se desenrola em uma sociedade capitalista. Cada progresso na compreensão teórica, assim como sua difusão, é, portanto, em si mesmo um ato prático.

É claro que isso não é o suficiente. As formas futuras de *práxis* serão seguramente bastante diversificadas, e também englobarão lutas defensivas no nível da reprodução material (como aquelas contra a precarização do trabalho e contra a destruição do estado social). Se por um lado é preciso romper com as "políticas" que só se propõem a defender os interesses sob a forma mercantil das categorias sociais constituídas pela própria lógica fetichista, do tipo "poder de compra", por outro lado continua sendo necessário impedir que o desenvolvimento capitalista devaste as bases de sobrevivência de grandes camadas da população e gere novas formas de miséria, que são com frequência devidas muito mais à exclusão do que à exploração — com efeito, ser explorado se torna quase um privilégio em relação à massa daqueles que foram declarados "supérfluos", por serem "não rentáveis" (ou seja, não utilizáveis de uma maneira rentável na produção mercantil). Mas as reações dos "supérfluos" são muito diversificadas e podem elas próprias tender à barbárie. Ser vítima não dá nenhuma garantia de integridade moral. Assim, uma verdade impõe-se mais do que nunca: o comportamento dos indivíduos diante das vicissitudes da vida capitalista não é o resultado mecânico de sua "situação social", de seus "interesses", ou de sua proveniência geográfica, étnica ou religiosa, nem de seu gênero, nem de suas orientações sexuais. Diante da queda do capitalismo na barbárie, é impossível predizer a reação de alguém. Isso não tem nada a ver com uma pretensa "individualização" generalizada cujas maravilhas os sociólogos não param de louvar para não ter que falar da estandardização que cresce por trás dela. Mas as linhas fronteiriças já não são mais aquelas criadas pelo desenvolvimento capitalista. Do mesmo modo que a barbárie pode surgir em qualquer parte, tanto nas escolas secundárias finlandesas quanto nas favelas africanas, tanto entre os *bobos*[41] quanto entre os habitantes de periferia, tanto entre os soldados *high-tech* quanto entre os insurgentes de

---

[41] Trata-se de uma contração de *burguês-boêmio*. [N.d.T.]

mãos vazias; a resistência à barbárie e o impulso rumo à emancipação social também podem nascer por toda parte (embora com mais dificuldade!), até mesmo ali onde não se esperava. Se nenhuma *categoria* social correspondeu às projeções daqueles que procuravam o portador da emancipação, por outro lado, sempre surgem de novo oposições às condições desumanas da vida sob o capitalismo. Essa paisagem cheia de falsos amigos e de ajudas inesperadas constitui o campo, de difícil leitura neste momento, onde toda "recomposição política" deve tomar posição desde já.

A princesa de Clèves, hoje

As sociedades pré-capitalistas, bem como a sociedade capitalista e industrial em sua primeira fase, fundavam-se numa organização dicotômica e hierárquica: senhores e escravos, aristocratas e camponeses, exploradores e explorados, capitalistas e proletários — como mostra o início do *Manifesto comunista*. Esses grupos sociais eram opostos uns aos outros sob quase todos os aspectos, embora participassem da mesma forma de consciência religiosa e da mesma explicação do mundo. Na base da reprodução social, havia o roubo do sobreproduto criado pelos produtores diretos; esse roubo se dava inicialmente por meio da violência, que também constituía o último recurso para garantir a distribuição dos "papéis" sociais. Mas esse roubo era normalmente justificado e mascarado por um grande aparelho de "superestruturas" — da educação à religião — que garantiam a submissão tranquila daqueles que, na verdade, tinham pouco interesse em aceitar uma distribuição tão desfavorável dos direitos e deveres da sociedade e que, ao mesmo tempo, tinham virtualmente a capacidade de jogar por terra esse estado de coisas desde que bastante unidos e bem determinados a fazê-lo. Uma vez que essa ordem foi colocada em discussão — essencialmente a partir da revolução industrial e da Filosofia das Luzes —, o que se impunha como consequência necessária era a *revolução* (ou as reformas profundas — de toda forma, uma mudança drástica de rumo). A contestação do modo de produção material era acompanhada do questionamento de todas as suas justificativas, da monarquia à religião, e até, nas fases mais avançadas dessa contestação, das estruturas familiares, dos sistemas educativos etc. Assim, a dicotomia se apresenta de forma cristalina: uma pequena camada de exploradores domina todo o resto da população pela violência e principalmente pela astúcia — chamada mais tarde de "ideologia" ou "manipulação". Não há nada em comum entre essas classes; os explorados são portadores de todos os valores humanos negados pelas classes dominantes. É muito difícil quebrar o poder dos dominantes que acumularam uma quantidade considerável de meios de coerção e de sedução e que amiúde conseguem dividir as classes exploradas entre si, intimidar uma parte dela ou corrompê-la. Mas sobre um ponto não havia dúvida: apesar de tudo, no dia em que as classes "subalternas" conseguissem jogar por terra a ordem social, instalariam uma sociedade justa e boa como a Terra nunca viu. Se, em sua vida atual, os membros das classes dominadas dão mostras de muitos defeitos e egoísmos em relação a seus semelhantes, é porque as classes superiores lhes inocularam seus vícios; a luta revolucionária não se esquivará diante da tarefa de aniquilar esses vícios que não pertencem à essência dessas classes.

Esse quadro, que aqui se apresenta apenas levemente caricaturado, animou durante duzentos anos todos os partidários de certa emancipação social. Não é que ele estivesse errado. Correspondia parcialmente a realidades, embora sempre tenha sido unilateral. Em 1936, o movimento anarquista na Espanha, que conduziu "uma revolução social, e o esboço mais avançado que já houvera de um poder proletário" (Guy Debord), foi provavelmente o que mais se aproximou da formação de uma contrassociedade no seio da sociedade capitalista, em grande medida oposta aos valores desse sistema (embora não tão completamente quanto o próprio movimento acreditava — basta pensar na exaltação do trabalho e da indústria). Aliás, seu forte enraizamento em tradições locais nitidamente pré-capitalistas não é sem importância nessa "alteridade" em relação à sociedade burguesa, que sempre fez tão cruelmente falta ao movimento operário alemão, por exemplo, cujos revolucionários, segundo as palavras bem conhecidas de Lênin, comprariam bilhetes de acesso à plataforma antes de tomar de assalto a estação — o que aliás não impedia Lênin de indicar os correios da Alemanha como o modelo da sociedade comunista futura a ser construída na Rússia.

Nas últimas décadas, esgotou-se a ideia segundo a qual a emancipação social deve consistir na vitória de uma parte da sociedade capitalista sobre uma outra parte dessa mesma sociedade. Essa ideia era tão forte que a parte dominada era considerada como não pertencente à sociedade, ou seja, uma classe que apenas sofria a submissão a um jugo, nos moldes de uma dominação estrangeira. Ora, se hoje esse esquema ainda pode ser parcialmente aplicado — talvez — a certos casos particulares como Chiapas, não pode em absoluto sê-lo à sociedade capitalista na forma plenamente desenvolvida tal qual tomou forma depois de 1945. O traço distintivo dessa sociedade não pode ser encontrado no fato de ela ser fundada na exploração de uma parte da população por uma outra. Essa exploração acontece, decerto, mas não constitui uma especificidade do capitalismo; isso também existia antes. A especificidade do capitalismo — o que o torna único na história — é antes o fato de tratar-se de uma sociedade fundada na concorrência generalizada, nas relações de mercado estendidas a todos os aspectos da vida e no dinheiro como mediação universal. A igualização perante o mercado e o dinheiro, que conhecem "apenas" diferenças quantitativas, apagou pouco a pouco as antigas classes sem que, nem por isso, a sociedade se tornasse menos conflitual ou menos injusta que antes.

Esta igualização existe em germe desde os inícios na Revolução Industrial, porque ela é consubstancial ao capitalismo enquanto valorização do valor-trabalho e aumento autorreferencial do dinheiro. Ela se tornou predominante depois da Segunda Guerra Mundial, pelo menos nos países ocidentais; mas foi nas últimas décadas, com a chegada da sociedade dita "pós-moderna", que passou a representar uma evidência. Foi nos últimos vinte anos que a reflexão teórica começou a levar em consideração essa mudança fundamental. Certamente a visão "dicotômica" não está morta: sua versão principal é o conceito de "luta de classes", pivô de todas as variantes do marxismo tradicional e mesmo de muitas formas de pensamento que não se concebem elas próprias como marxistas — de Pierre Bourdieu até as correntes principais do feminismo. Os temores causados pela recente globalização do capital deram até mesmo um certo revigoramento às concepções — dos social-democratas da ATTAC aos defensores neo-operaístas do "capital cognitivo" — que colocam em questão unicamente a *distribuição* dos "bens" capitalistas, tais como o dinheiro e a mercadoria, mas nunca a própria *existência* dessas categorias enquanto tais.

Entretanto, uma análise diferente das contradições capitalistas começa a abrir passagem. Ela abandona a centralidade do conceito de "luta de classes" (sem aliás negar que lutas de classes existem e não raro por boas razões), mas não da mesma forma que Tony Blair, quando declarou em 1999: "Meus amigos, a guerra das classes terminou". Com efeito, essa análise não abandona de nenhum modo a crítica social; pelo contrário, busca encontrar nela os aspectos que estão verdadeiramente em jogo hoje. Fazer isso significa conceder um lugar central à crítica da mercadoria e de seu fetichismo, do valor, do dinheiro, do mercado, do Estado, da concorrência, da nação, do patriarcado e do trabalho. Essa análise encontrou sua inspiração inicial numa parte até então negligenciada da obra de Marx. Uma etapa essencial de sua elaboração foi a fundação da Revista *Krisis, Contribuições à crítica da sociedade mercantil,* na Alemanha em 1986, (intitulada originariamente *Marxistische Kritik*); outras balizas (surgidas independentemente umas da outras) foram a publicação de *Tempo, trabalho e dominação social, uma reinterpretação crítica da teoria de Marx,* de Moishe Postone nos Estados Unidos, em 1993[42] e — numa perspectiva parcialmente diferente — da obra *Crítica do trabalho. O fazer e o agir* de Jean-Marie Vincent na França em 1987.[43]

Com certeza a publicação de algumas obras teóricas — que estão, aliás, longe de constituírem uma unanimidade nos meios que se pretendem críticos — não é em si necessariamente um acontecimento dos mais importantes ou a prova de uma mudança de época. Mas poderia ser índice de certa tomada de consciência, embora ainda limitada, de uma evolução já em preparação há algum tempo: chegamos a um ponto da

---

[42] POSTONE, Moishe. *Time, Labor and Social Domination: A Reinterpretation of Marx's Critical Theory* [Tempo, trabalho e dominação social: uma reinterpretação da teoria crítica de Marx]. Cambridge University Press, 1993.

[43] VINCENT, J.- Marie. *Critique du travail. Le faire et le agir* [Crítica do trabalho. O fazer e o agir]. Paris: Presses Universitaires de France, 1987.

história em que definitivamente não basta mais mudar os modos de distribuição e os gestores no interior de um modo de vida aceito por todos os participantes. Defrontamo-nos antes de tudo com uma *crise de civilização*, com o declínio de um modelo cultural que diz respeito a todos os seus membros. Essa constatação não é nova enquanto tal; foi feita em especial entre as duas guerras por observadores tidos por "burgueses" ou "conservadores". Naquela época, o pensamento da emancipação social, com poucas exceções, compartilhava a confiança geral no "progresso" e se preocupava somente com a desigualdade da distribuição de seus frutos. Aliás, a noção de progresso técnico, industrial e econômico, bem como a noção de progresso social e moral se confundiam e pareciam andar de mãos dadas; as classes dominantes da época eram vistas pelos progressistas como "conservadoras" por natureza e opostas por princípio ao "progresso", à "mudança" e às "reformas". Com autores como Walter Benjamin, Theodor Adorno e Max Horkheimer foi realizada uma primeira convergência entre crítica da "cultura" e crítica do "capitalismo". Mas foi preciso esperar os anos 1970 para que as críticas da forma de vida moderna que engloba todos os sujeitos tivessem maior difusão. Por um lado, via-se a crítica da "tecnologia" articulada por autores como Ivan Illich, Günther Anders, Jacques Ellul, Bernard Charbonneau, Michel Henry, Lewis Munford, Cristopher Lasch ou Neil Postman; e também as teorias ecológicas e a crítica do "desenvolvimento" concebida pelo MAUSS, Serge Latouche e François Partant. Entretanto, quando se trata de discernir as *causas* desses problemas tão bem descritos, esse gênero de análise com frequência se limita a indicar uma espécie de lamentável desvio de conduta da humanidade. Ao mesmo tempo, os situacionistas, e mais geralmente a contestação proveniente da "crítica artística" (Boltanski; Chiappello) começada pelos dadaístas e os surrealistas, da mesma forma que certa sociologia crítica inaugurada por Henri Lefebvre, colocaram no primeiro plano da contestação aspectos mais "subjetivos", quer dizer, a insatisfação perante a vida vivida na "sociedade da abundância", embora as primeiras necessidades fossem satisfeitas.[44] No entanto, essa crítica artística continuou, mais do que aquele primeiro tipo de crítica, a se fundar numa visão dicotômica: "eles" contra "nós", os "patrões do mundo", necrófilos, contra "nossa" vontade de viver.

A nova teoria do fetichismo da mercadoria queria ir além dos limites dessas críticas. Para ela, não se trata de destino *metafísico da "humanidade diante da técnica"*, como pretendia Martin Heidegger, nem de uma conspiração dos poderosos malvados contra o povo de bem. Para ela, o coração do problema reside antes de tudo na "forma-sujeito" comum a todos aqueles que vivem na sociedade mercantil, embora isso não queira dizer que essa forma seja exatamente a mesma

---

[44] Num plano menos teórico, "a contracultura" dos anos 1960 e 1970 significava a mesma coisa: a recusa do modo de vida proposto pela sociedade capitalista, em lugar de lamentar as dificuldades existentes para nela se integrar.

para todos os sujeitos. O sujeito é o substrato, o ator, o portador do qual o sistema fetichista de valorização do valor precisa para assegurar a produção e o consumo. Ele não é completamente idêntico ao indivíduo ou ao ser humano, que pode por vezes sentir a forma-sujeito como uma camisa de força (por exemplo, o papel do macho, ou do "vencedor"). É por isso que Marx chamou o sujeito da valorização do valor como o "sujeito autômato" — que é o contrário da autonomia e da liberdade a que se associa habitualmente o conceito de "sujeito". Então, o sujeito constitui aquilo de que é preciso emancipar-se, e não aquilo através do qual e em vista do qual é necessário emancipar-se.

Asim concebida, a superação do capitalismo não pode consistir no triunfo de um sujeito criado pelo próprio desenvolvimento capitalista. Entretanto, foi exatamente assim que as teorias da emancipação conceberam por muito tempo essa superação. O capitalismo era considerado como a má administração, injusta e parasitária, de algo que, enquanto tal, era altamente positivo: o progresso e a sociedade industrial criados pelo trabalho proletário, as ciências e as tecnologias. Assim, o comunismo era visto frequentemente como a simples continuação das "aquisições" do capitalismo por outros sujeitos e num outro regime de propriedade; não como uma ruptura profunda. A valorização positiva do "sujeito" nas teorias da emancipação tradicionais pressupunha que o sujeito era a base da superação (e não a base do desenvolvimento) do capitalismo e que era imperativo ajudar o sujeito a desabrochar sua essência e desenvolver seu potencial, que, enquanto tal, não tinha nada a ver com o sistema de dominação. Então, a revolução permitiria, por exemplo, ao trabalho se estender a toda a sociedade, fazendo de cada um trabalhador. Além do mais, os sujeitos deveriam liberar-se de algumas influências corruptíveis; mas não teriam absolutamente qualquer necessidade de colocar em questão sua própria existência enquanto operários, trabalhadores da informática etc. A esperança revolucionária no sujeito não induzia a nenhuma reflexão específica sobre o que tinha constituído esse sujeito e parecia ignorar que ele podia conter em sua estrutura profunda elementos do sistema mercantil, o que explicaria aliás a incrível capacidade desse sistema de perpetuar-se, regenerar-se e "cooptar" suas críticas.[45] A substância desse sujeito pode ser designada de maneira diferente e até oposta. Para o movimento operário tradicional, residia no trabalho produtivo, que é o título de glória do proletariado; para os esquerdistas dos anos 1970, podia se tratar da resistência ao trabalho, da criatividade pessoal, do "desejo". Mas a estrutura conceitual permanece idêntica: o esforço revolucionário tem o objetivo de permitir ao núcleo profundo dos sujeitos de emergir e triunfar em face

---

[45] Não falamos aqui das teorias pós-estruturalistas e pós-modernas que simplesmente evacuaram a questão da dialética entre sujeito e objeto e negaram a possibilidade mesma de relacionar a multiplicidade dos fenômenos com a ação de alguns princípios que se mantêm por trás, tais como o valor mercantil e seu fetichismo.

das restrições que lhe impõe uma sociedade artificial que não serve senão aos interesses de uma minoria.[46]

Daí provém a famosa busca do "sujeito revolucionário": foram designados, um de cada vez, os operários, os camponeses, os estudantes, os marginais, as mulheres, os imigrantes, os povos do sul do mundo, os trabalhadores do "imaterial", os trabalhadores precarizados. Essa busca estava afinal destinada ao fracasso; e não porque o sujeito não existe, como pregam o estruturalismo e o pós-estruturalismo, que não veem nisso senão um engodo do espírito. Os sujeitos realmente existem, mas não são a expressão de uma "natureza humana", anterior e externa às relações capitalistas; eles são o produto das relações capitalistas que, por sua vez, eles mesmos produzem. Os operários, os camponeses, os estudantes, as mulheres, os marginais, os imigrantes, os povos do hemisfério sul, os trabalhadores imateriais, os precarizados — cuja forma-sujeito, com toda sua forma de viver, suas mentalidades e suas ideologias, é criada ou transformada pela socialização mercantil — não podem ser mobilizados, enquanto tais, contra o capitalismo. Por consequência, não pode haver revoluções operárias, componesas ou dos precarizados, mas apenas revoluções daqueles que querem romper com

---

[46] Isso explica o peso bem excessivo que as correntes "radicais", dos trotskistas aos situacionistas, sempre atribuíram à "traição dos dirigentes": eles supõem invariavelmente que "os proletários" ou o "povo" são revolucionários em sua essência, "em si", e que seguiriam sempre as opções radicais se as manobras dos dirigentes e dos burocratas não fossem sempre bem-sucedidas — infeliz e inexplicavelmente — em desviá-los dessa via.

o capitalismo e com a própria forma-sujeito imposta por ele e que cada um carrega consigo. Eis, então, por que nenhuma revolução, no sentido amplo, pode hoje consistir numa valorização positiva do que já somos e que somente precisaria libertar-se das correntes que lhe foram colocadas. Entretanto, conceitos atualmente muito em voga, como aquele — bem democrático — de "multidão", consistem precisamente em lisonjear o sujeito em sua existência empírica imediata. Poupamo-nos, assim, do esforço de rompermos a nós mesmos com nossa própria forma-sujeito que não é simplesmente imposta pelo exterior, mas que estrutura nossa própria personalidade em profundidade, como atesta a presença quase universal do espírito de concorrência.

Infelizmente, o agravamento geral das condições de vida no capitalismo não torna os sujeitos *mais* aptos a derrubá-lo; pelo contrário, os sujeitos se tornam cada vez *menos* aptos a isso, porque a totalização da forma-mercadoria engendra cada vez mais sujeitos totalmente idênticos ao sistema que os contém. E mesmo quando esses sujeitos desenvolvem uma insatisfação para além do fato de se declararem mal servidos, são incapazes de encontrar neles próprios os recursos necessários para uma vida diferente, ou somente para ideias diferentes, visto nunca terem conhecido nada de diferente. Em lugar de nos perguntarmos, como fazem os ecologistas, "qual mundo nós deixaremos a nossas crianças?", nós deveríamos nos perguntar "a que crianças deixaremos esse mundo?" — como muito bem disse Jaime Semprun.⁴⁷

Assim, pode-se compreender a importância da crítica do "progresso", da "técnica" e da "modernidade": apesar do caráter heterogêneo e das inúmeras fraquezas de suas análises, ela começou a expressar dúvidas sobre o rumo como um todo da viagem empreendida pela sociedade industrial e propôs mudá-lo em vez de querer mudar unicamente a gestão. Isso implica também um olhar crítico sobre a atitude dos grupos dominados; ou seja, capitalistas e operários, empregados e *managers*, ricos e pobres não aparecem mais como sendo absolutamente diferentes, mas como estando unidos pelo mesmo esforço de remodelar o mundo como um todo com a ajuda das tecnologias sem preocupar-se com as consequências. Logo, é a totalidade de uma civilização que se encontra colocada em questão e, também com ela, o tipo de personalidade, mentalidade, de estrutura psíquica criada por essa civilização. A sociedade moderna não é mais compreendida, ou não mais somente, como uma "violentação das massas pela propaganda" (Serge Tchakhotine) e pela força, mas também como uma produção circular da realidade social entre indivíduos e estruturas que passa em larga medida por vias inconscientes — e aqui essa crítica pode se juntar às categorias da crítica do fetichismo. Todavia, a visão dicotômica ligada ao pensamento do sujeito lisonjeia o narcisismo do sujeito

---

47 E como repetiu Nicolas Sarkozy em campanha presidencial, por um desvio ainda inexplicado.

mercantil, permitindo-lhe externar os aspectos negativos da socialização mercantil que ele ressente em si próprio e projetá-los em sujeitos "outros", quer seja o capital financeiro ou os imigrantes. É compreensível que seja muito mais difícil para os sujeitos contemporâneos, mesmo quando se sentem "críticos", admitir algo como a descrição do narcisismo feita por Christopher Lasch,[48] quando ele localiza a mesma estrutura narcísica tanto na cultura dominante quanto em quase todas as formas de contestação; ou a crítica que Ivan Illich opõe à medicina moderna e à sua negação do sofrimento,[49] que é universalmente considerada um progresso; ou a recusa das técnicas de procriação assistida e das terapias genéticas, tão fortemente apreciadas pelo público; ou, mais geralmente, a recusa do individualismo consumista.

A decomposição atual do sistema não se deve de modo algum aos esforços de seus inimigos revolucionários, nem mesmo a qualquer resistência passiva, por exemplo em relação ao trabalho. Em vez disso, procede do fato de que a base da vida de todos nós na sociedade mercantil, isto é, a transformação perpétua de trabalho em capital e de capital em trabalho — portanto, o consumo produtivo da força de trabalho e da valorização do capital — está visivelmente se esgotando, por

---

[48] LASCH, C. *A cultura do narcisismo. A vida americana na era do declínio das esperanças*, Rio de Janeiro: Imago, 1983.

[49] ILLICH, Ivan. *Limites para a medicina: a expropriação da saúde.* trad. de Eduardo Moradas Ferreira. Lisboa: Sá da Costa, 1977.

causa essencialmente da substituição da força de trabalho vivo por tecnologias. Isso provoca o desespero e o pânico dos sujeitos cuja vida depende, direta ou indiretamente, dessa valorização do trabalho, quer se trate do chefe de uma "empresa de médio porte" europeia ou de um miliciano africano pilhador, de alguém que recebe as ajudas sociais do governo americano ou de um mineiro russo. De uma maneira ou de outra, todos têm a impressão de que o terreno está ruindo embaixo dos pés, e é essa luta em torno de um bolo cada vez menor que empurra para a barbárie — em todos os níveis. O "Senhor da guerra" ou o grande *manager* fazem parte disso tanto quanto o desempregado racista ou o ladrão das favelas: estão todos em competição para se apropriarem dos restos da sociedade mercantil. Nesse contexto, ideologias nacionalistas, racistas, antissemitas ou que pregam outras formas de "exclusão" se difundem facilmente, e principalmente nas camadas "baixas" da sociedade. A sociedade mundial do trabalho se autodestrói depois de ter destruído todas as antigas formas de solidariedade, ou quase — não sobram, virtualmente, mais do que sujeitos completamente entregues ao princípio da concorrência a todo custo, quer seja enquanto indivíduos ou corporações como a nação, a etnia, a família, a máfia, a gangue. A humanidade está decididamente mal preparada para enfrentar a dissolução generalizada dos laços sociais e de suas bases produtivas.

Essa situação provoca um grande descontentamento, mas que não desemboca mais na reivindicação de um estado de coisas melhor para todos, como podia acontecer com o proletariado clássico, ou mesmo com o movimento estudantil dos anos 1960.[50] Sobretudo, as diferentes expressões de descontentamento não se aliam num conjunto coerente, num grande movimento reunindo todas as vítimas da Terra contra a pequena camada de dominantes exploradores e manipuladores que lhes impõe seu reino — mesmo se diversos grandes estrategistas da alterglobalização continuam a evocar uma tal "Frente popular" que, com frequência, vai de par com as teorias da conspiração (tudo é culpa da alta finança, ou do governo americano, ou dos neoliberais, ou dos neoconservadores, ou dos "lobbies" judeus e outros mais).

Cada habitante da terra, ou quase, tornou-se em primeiro lugar um sujeito da concorrência, em guerra contra todos os outros sujeitos. A sombria descrição dos inícios da socialização humana que deu a saber Hobbes, verdadeira certidão de nascimento da concepção burguesa da vida em sociedade, foi antes de tudo uma profecia que se autorrealizou vários séculos depois. A

---

[50] Com certeza, as manifestações em nível mundial contra a guerra do Iraque, e principalmente as preocupações de natureza ecológica têm um alcance com pretensões universais. Mas o pacifismo somente se manifesta esporadicamente e sobre uma base muito emotiva, enquanto que a resistência contra os "danos" é só raramente um "movimento", sendo antes do mais um negócio para *experts* e conferências governamentais, a menos que não se trate de lutas, verdadeiras mas particularistas, contra um dano no "próprio jardim", o que evita em geral colocar em questão o tipo de vida — a sociedade industrial e as comodidades permitidas por ela — que produziu o dano em questão (incinerador, central nuclear, trens de alta velocidade etc.).

isso se pode acrescentar uma outra evidência: com o tempo, a concorrência perpétua e desenfreada torna a vida impossível de ser vivida. Ela leva à loucura. Os assassinatos gratuitos, seja os massacres nas escolas americanas (e alhures) ou os atentados suicidas, são a manifestação mais eloquente disso. Em uma sociedade em que os indivíduos vivem exclusivamente para lograr o êxito de se venderem e serem aceitos pelo deus mercado, e onde todo o conteúdo possível da vida está sacrificado em nome exclusivo das leis da economia, uma verdadeira "pulsão de morte" se desencadeia, pondo a nu o nada que está no fundo de uma sociedade cujo único objetivo proclamado é a acumulação do capital.

A questão não pode mais consistir em possibilitar o triunfo de alguns daqueles que participam dessa concorrência sobre os outros — por exemplo, os proprietários do trabalho em seu estado vivo (força de trabalho) sobre os proprietários do trabalho em seu estado morto (o capital). É preciso antes de tudo colocar em questão a civilização mesma da qual os diferentes atores são expressões. Uma ideia como essa pode hoje, apesar de tudo, abrir caminho com mais facilidade do que podia há vinte anos. Há muitas coisas sobre as quais não é mais preciso discutir: "socialismo real" e as chances de reformá-lo, "movimentos nacionais de libertação", progresso social organizado pelo Estado (a França de Mitterrand ou a Cuba de Castro), possibilidades de se trabalhar no interior dos sindicatos e partidos "de esquerda" para radicalizá-los... São muitas as ilusões que se dissiparam por si só, o que pelos menos serviu para limpar o terreno. Fomos obrigados a nos convencer definitivamente de que nem o Estado nem o mercado são capazes de evoluir para uma sociedade mais humana, e que, pelo contrário, no quadro do agravamento da concorrência mundial, eles conduzem, ambos, à regressão social e até antropológica.

No intervalo de algumas décadas, a perspectiva se inverteu no exato sentido do termo: hoje não se trata mais de conseguir abalar um sistema forte e difícil de ser combatido, mas cuja queda, em se produzindo, poderá dar automaticamente lugar a qualquer coisa melhor. Trata-se antes de tudo de prever saídas para a dissolução do sistema que já está em curso. Para várias gerações de revolucionários, o problema era concentrar sem trégua o ataque na ordem dominante que dispunha de uma infinidade de armas para se defender. Mas se o campo "progressista" saísse vitorioso dessa prova de força, o advento do socialismo, do comunismo, qualquer que fosse o nome do radiante futuro previsto, seria automático. E por quê? Porque a única coisa que podia tirar o capitalismo dos trilhos era, nessa visão, a existência de uma classe decidida a acabar com ele e suficientemente forte para conduzir com sucesso esse programa. O capitalismo, deste modo, só podia desaparecer pela ação de um inimigo que agisse precisamente no intuito de substituí-lo por uma outra ordem social. O que deveria causar a queda do capitalismo era o "desejo de comunismo" nas massas, de maneira que o fim do capitalismo e o início da sociedade liberta coincidissem exatamente.[51] Mas essa oportunidade histórica, se algum dia existiu, foi perdida, e o pensamento da emancipação social se encontra agora defronte a uma situação inédita. O capitalismo tornou-se *visivelmente* o que foi *essencialmente* desde o início:[52] um bicho que se autodevora, uma máquina que se autodestrói, uma sociedade em que, com o tempo, será impossível alguém viver, porque ela consome todos os laços sociais e todos os recursos naturais para salvar o mecanismo de acumulação do valor — salvação cada vez mais difícil. A cada dia o sistema mina suas próprias bases. Dizer isso não é tentar fazer uma "profecia" relativa a um futuro desmoronamento do capitalismo, mas sim sintetizar o que se produz já todos os dias. O fato de certos atores econômicos ainda terem grandes lucros não deve ser confundido — como acontece com muita frequência — com o estado de saúde da sociedade capitalista enquanto sistema global de reprodução social. O desabamento gradual da civilização capitalista (se

---

[51] Enquanto os comunistas ditos "ortodoxos" (leninistas) relacionavam o reforço desse impulso emancipador nas massas a um agravamento dramático — tido por inevitável — das condições de vida causado pela economia capitalista, as correntes ditas "radicais" (esquerdistas) eram mais "voluntaristas" e "subjetivistas", centrando-se principalmente numa recusa da vida capitalista, passível de mobilizar a qualquer momento independentemente da conjuntura econômica e antes do mais referente à radicalidade existencial dos militantes.

[52] Como muito bem descreveu o historiador não marxista Karl Polanyi ao analisar os inícios da Revolução Industrial na Inglaterra em seu livro clássico *A grande transformação, as origens de nossa época* [1944]. Tradução de Fanny Wrobel, Rio de Janeiro: Editora Campus Ltda, 1980.

quisermos utilizar esse oxímoro) é patente. Mas não constitui de modo algum o resultado da intervenção consciente de homens desejosos de substituí-la por algo melhor. Seu fim está se dando por sua própria conta, consequência de sua lógica de base — esta é dinâmica e autodestrutiva, o que a distingue das sociedades precedentes. O capitalismo faz muito mais coisas contra si mesmo do que todos os seus adversários reunidos puderam fazer. Mas essa boa notícia não passa de uma meia boa notícia. Esse desmoronamento não tem qualquer relação de necessidade com a emergência de uma sociedade melhor organizada: em primeiro lugar, porque ele é a consequência da ação de forças cegas que, como tais, são já autodestrutivas. Em segundo, porque o capitalismo teve muito tempo para esmagar as outras formas de vida social, de produção e de reprodução que poderiam constituir um ponto de partida para a construção de uma sociedade pós-capitalista. Com a chegada de seu fim, não sobrará mais do que uma terra arrasada onde os sobreviventes disputarão entre si os restos da "civilização" capitalista. Essa já é a realidade cotidiana numa grande parte do "sul do mundo"; é isso que está se tornando uma parte crescente dos países "desenvolvidos", até nas periferias das metrópoles. Abandonado a seu próprio dinamismo, o capitalismo não desemboca em socialismo, mas em ruínas. Se ele fosse capaz de ter intenções, bem que se poderia emprestar-lhe a de ser a última palavra da humanidade.

Mas os filmes de terror conhecem por vezes um

final feliz. Nem tudo está perdido. A corrida rumo ao abismo em nome da rentabilidade não encontra somente resignados pelo caminho. As mesmas energias que antes eram dirigidas para a revolução começam a se orientar agora para evitar a queda na barbárie. Uma sociedade emancipada ou, pelo menos, uma sociedade melhor do que esta em que vivemos atualmente ainda é algo possível. Mas é preciso construí-la em cima dos escombros da sociedade capitalista. Para chegar-se a esse ponto, é necessário principalmente um grande esforço de clarificação teórica, esforço que dê conta do quanto as condições do projeto de emancipação mudaram. As linhas de frente se misturaram completamente; não reconhecer essa mudança, continuar obstinado em seguir as mesmas pistas de cinquenta ou cem anos atrás é o que impede a tantas pessoas de boa vontade compreender o mundo atual — cujas taras sentem muito bem — e agir em consequência.

Nessa situação, não há mais dicotomia entre um partido da ordem, de um lado, e um partido da desordem e da subversão, do outro. Palavras como "reformas", "conservador", "liberdade", "transgressão" ou "provocação" quase que tiveram suas significações antigas invertidas; observar essa evolução é bastante instrutivo. Durante um século e meio, dois campos — identificados geralmente como o da "burguesia" e o do "proletariado" ou do "povo" — afrontaram-se, cada campo detendo em bloco uma série de opções sobre quase todos os aspectos da vida. A sociedade burguesa, cuja face econômica era o capitalismo, comportava também, pelo menos em sua forma ideal típica, hierarquias onipresentes nas relações sociais; a importância da religião na vida privada e pública; o autoritarismo no interior da família e no sistema educativo; o nacionalismo e o militarismo; uma moral sexual repressiva e hipócrita; uma arte classicista e elitista; a predominância da racionalidade em relação à imaginação, da poupança em relação ao gasto, da produção em relação ao consumo, do cálculo em relação ao gozo imediato, do coletivo em relação ao indivíduo, *a fortiori* em relação ao indivíduo "diferente"; a dominação dos homens sobre as mulheres, dos velhos sobre os jovens, dos brancos sobre as pessoas de cor etc. Quem se sentisse em oposição à sociedade burguesa não tinha nada a fazer a não ser escolher a cada vez o polo colocado por ela como inferior; o culto da "transgressão" consistia nessa atitude. Essa não era tanto um afazer do que Boltanski e Chiappello chamaram de "crítica social" (o movimento operário tradicional), mas da "crítica artística", cuja importância, a partir dos surrealistas, só aumentou, ganhando maior terreno do que a outra definitivamente depois de 1968. Durante algumas décadas, a atitude transgressiva nos campos da arte, dos costumes e da vida cotidiana podia ser concebida em si mesma como uma "subversão simbólica" que atacava as bases da sociedade burguesa com, pelo menos, tanta eficácia quanto as lutas sociais: chegava-se até a pensar, por exemplo, que a contestação da moral sexual podia servir de alavanca a uma transformação total. O que aconteceu retrospectivamente foi que, na maior parte dos casos, a contestação cultural considerava como traços essenciais da sociedade capitalista aquilo que não passava de elementos arcaicos ou anacrônicos herdados de suas fases anteriores.

Depois de 1968, o capitalismo em seu "novo espírito" não somente fez "concessões" nesse campo para acalmar os espíritos, mas também agarrou a oportunidade de abrir mão de muito terreno para poder limpá-lo de numerosas superestruturas que tinham se tornado obstáculos ao seu próprio desenvolvimento. Não é necessário lembrar o quanto o capitalismo pós-moderno certamente se veria em maus lençóis se os jovens vivessem na austeridade, na castidade e com a ideia de poupar. Mas a maioria dos ambientes "progressistas" não quis render-se à evidência dessa mudança de paradigma e persiste incansavelmente na "transgressão", matando todo dia os mesmos cães já mortos, arrombando as mesmas portas já abertas e se enchendo de júbilo com a ajuda que dá à sociedade pós-moderna para que ela se desvencilhe da sucata humanista e clássica, tão nociva ao progresso e à igualdade republicana diante do mercado de trabalho. Quem ousará dizer, numa democracia, que é melhor estudar grego e latim na escola do que computação e gestão de empresa, ou que uma ópera tem mais valor que um rap, e Michelangelo mais do que as revistas em quadrinhos?

Há muito tempo que o sistema capitalista não é mais o "partido da ordem". Ele soube muito bem tirar proveito das contestações "artísticas" para reconstruir uma sociedade caótica que serve a seus projetos. A dissolução da família, a educação "livre" na escola, a aparente igualdade entre homens e mulheres, o desaparecimento de noções tais como "moral" — tudo sopra a seu favor desde o momento em que essas evoluções estão desconectadas de um projeto de emancipação global e traduzidas numa forma mercantil. Decerto, não se trata de modo algum de ceder à nostalgia dos professores que batiam com palmatórias, do serviço militar, do catequismo e dos *padri-padroni* familiares. Com efeito, se uma parte da política dos últimos vinte anos se inspirou numa versão pervertida — ou fiel? — das "ideias de 68" (por exemplo na educação escolar),[53] outros administradores do mesmo sistema político recentemente colocaram de forma barulhenta sob acusação o "pensamento de 68" como responsável de todos os males. Mas isso não quer dizer nada — é como o recurso indiferenciado às políticas econômicas, aqui keynesianas, ali monetaristas, praticadas tanto pela esquerda quanto pela direita, de acordo com as conveniências do momento e para além de toda e qualquer ideologia.

---

[53] Cf. a este respeito, Dany-Robert Dufour, *A arte de reduzir as cabeças. Sobre a nova servidão do homem liberto na era do capitalismo global.* Tradução de Procópio Abreu. Rio de Janeiro: Companhia de Freud, 2005; Jean-Claude Michéa, *L'enseigment de l'ignorance,* [*O ensino da ignorância*] Castelnau-le-nez: Climats, 2001; Nicolas Oblin e Patrick Vassort, *La crise de l'Université française. Traité contre une politique de l'anéantissement* [A crise da universidade francesa. Tratado contra uma política do aniquilamento]. Paris: L'Harmattan, 2005.

É preciso se render a essa evidência não muito confortável: as situações e os conflitos do passado são muito pouco úteis para nos socorrer na decisão referente a nossa ação hoje. Nem os movimentos sociais, nem as contestações culturais passadas podem nos instruir de forma útil sobre aquilo que podemos fazer hoje. Um único exemplo: em 1963, o surrealista belga Louis Scutenaire causou um escândalo (até o ponto de a Gallimard recusar-se a publicar o livro contendo este aforismo) ao escrever: "Reli ontem à noite *A princesa de Clèves*. Com meu cu". Algumas décadas mais tarde, o presidente da França disse a mesma coisa, com uma linguagem mais midiaticamente correta, mas, além de tudo, com o poder de dar continuidade a sua aversão pelas coisas inúteis.

Essas considerações podem parecer pouco encorajadoras. É certo que não jogam água ao moinho do militantismo atual e que não se prestam muito a serem traduzidas numa estratégia "política" imediata. Mas há um século e meio, muitas proposições "concretas" e tentativas "práticas" desembocaram em consequências opostas às intenções de origem. Talvez seja melhor, então, um simples progresso teórico, uma simples tomada de consciência que caminhe na direção certa: a única chance é sair do capitalismo industrial e de seus fundamentos, isto é, sair da mercadoria e de seu fetichismo, do valor, do dinheiro, do mercado, do Estado, da concorrência, da Nação, do patriarcado, do trabalho e do narcisismo, em vez de poupá-los, querer se apoderar deles, aperfeiçoá-los, ou fazer uso deles. Se essas últimas décadas, de resto tão pouco reluzentes, tiverem servido para que pelo menos alguns tenham compreendido essa necessidade histórica, então não se pode dizer que tenham sido completamente inúteis.

Pars construens

O «lado obscuro» do valor e do dom

Ao longo dos quase trinta anos durante os quais a teoria do dom se transformou num dos pensamentos sociais mais importantes de hoje, não raro ela teve que se confrontar com os paradigmas de origem marxista. O projeto de elaborar uma crítica radical dos próprios fundamentos da sociedade mercantil e de seus pressupostos históricos, embora apoiada em outras bases que não fossem as do marxismo, poderia quase constituir uma definição do percurso do MAUSS[54] e do que o levou a escolher Marcel Mauss e Karl Polanyi[55] como as referências teóricas mais importantes. Em vez de

---

[54] Movimento antiutilitarista nas ciências sociais. [N.d.T.]
[55] "Mais manuseável que Marx", de acordo com a capa da *Revue du* MAUSS *semestral* n° 29, e mais "consensual" (A. Caillé, Présentation", *in*: *Revue du* MAUSS *semestral*, n° 29, 2007, p. 28). Mas Alain Caillé também fala de: "[...] Mauss, aliás grande admirador de Marx e que, por mais estranho que possa parecer, poderia legitimamente ser

explicitamente antimarxista, como eram muitas teorias na moda no mesmo período histórico, a teoria do dom pareceu alimentar o desejo de andar *ao lado de Marx*, tentando edificar uma crítica social tão rica quanto a de Marx, mas sem as mesmas consequências políticas consideradas lastimáveis nem os aspectos considerados como limites e unilateralidades em suas concepções de base. A insuficiência principal de toda teoria marxista, aos olhos do MAUSS, é seu *economismo*: seu problema seria reduzir o ser humano unicamente à dimensão econômica ou, pelo menos, atribuir a essa dimensão uma preponderância absoluta. A abordagem marxista seria estritamente utilitarista: os homens não são movidos senão por seus interesses, e até mesmo por seus interesses estritamente materiais e individuais. Em seus fundamentos filosóficos e antropológicos, o marxismo demonstraria assim um parentesco surpreendente com o liberalismo burguês: é a concepção do homem como *homo economicus*, incapaz de todo e qualquer ato que não faça, direta ou indiretamente, parte de um cálculo destinado a maximizar suas vantagens. Bem longe de se lamentarem por isso, os marxistas sentem um prazer meio astucioso em demonstrar que, na sociedade burguesa, toda e qualquer expressão de simpatia, de generosidade ou de desinteresse é apenas um véu hipócrita estendido por cima do eterno choque dos interesses antagonistas.

---

considerado seu principal herdeiro" (A. Caillé, *Antropologia do dom. O terceiro paradigma*. Petrópolis: Vozes, 2002).

Esse tipo de marxismo não é uma pura "construção" improvisada pelos teóricos do dom para se distinguir dele mais facilmente. Ele existe realmente e não é mais necessário demorar muito tempo nessa evidência. Mas será que a teoria de Marx se resume inteiramente a esse "economismo"? E será que se deve considerar uma certeza a impossibilidade de se encontrarem no próprio Marx ferramentas teóricas para sair do paradigma utilitarista? Ou, dito de outro modo, será que a teoria do dom, bem como uma abordagem baseada em certos conceitos de Marx, são necessariamente incompatíveis? E se não forem, trata-se de colar pedaços, estabelecer "competências específicas" para cada abordagem, ou será que não se pode constatar sobretudo uma convergência (parcial, é certo) referente ao próprio fundo? Podem-se encontrar em Polanyi, em Mauss e nos pensadores do dom raciocínios que vão na mesma direção da crítica marxiana[56] em seus aspectos radicais. Esses pensadores não marxistas poderiam revelar-se mais próximos da herança de Marx do que a maior parte do que se chama hoje de "marxismo", e uma certa leitura de Marx poderia permitir tirar conclusões que coincidem com as da teoria do dom.[57]

---

[56] O termo "marxiano" refere-se apenas ao pensamento do próprio Marx, enquanto "marxista" se refere à toda a tradição fundada por Marx e que prossegue independentemente dele. [N.d.T.]

[57] O fato de Karl Polanyi ter chegado a suas conclusões a partir de uma teoria bastante diferente da desenvolvida por Marx dá ainda mais peso à negação do estatuto trans-histórico da economia: diferentes pesquisas conduzem ao mesmo resultado. É preciso, no entanto, sublinhar que Karl Polanyi atribui a Marx a teoria do valor-trabalho

Não se pode esquecer que *O Capital* não traz como subtítulo "Tratado de economia política", mas "Crítica da economia política". Ao longo da obra de Marx, tanto no início como no fim, encontram-se observações criticando a própria existência de uma "economia". Sua intuição de que uma economia separada do resto das atividades sociais ("desincrustada", diria Polanyi) já constitui uma alienação foi retomada por certos intérpretes. Em 1923, o pensador marxista mais lúcido de sua época, Georg Lukács, escreveu nestes termos a respeito da futura "economia socialista": "Essa 'economia' não tem mais, no entanto, a função que tinha antes toda economia: deve estar a serviço da sociedade conscientemente dirigida; deve perder sua imanência, a autonomia que a tornava propriamente uma economia; enquanto economia, ela deve ser suprimida".[58]

---

que, em verdade, é de Ricardo, uma teoria radicalmente refutada pela crítica marxiana da dupla natureza do trabalho. Mas Polanyi, como em certa medida todo mundo em sua época, lia Marx exclusivamente através do marxismo "ortodoxo" segundo o qual Marx teria colocado o valor-trabalho como base positiva da emancipação dos trabalhadores, e não como objeto de uma crítica visando à sua abolição.

[58] LUKÁCS, Georg. *História e consciência de classe* (1923). São Paulo: Martins Fontes, 2003. É bastante digno de nota que três das análises críticas da sociedade moderna mais inovadoras apareceram no mesmo momento, em 1923–1924: *Ensaio sobre o dom*, de Marcel Mauss; *História e consciência de classe* de Lukács; e os *Ensaios sobre a teoria do valor de Marx* [traduzido no Brasil como *A teoria marxista do valor*] de Isaac Rubin, publicado em 1924 em Moscou. Este último em sua época representou a melhor retomada de conceitos marxianos já quase esquecidos, como trabalho "abstrato" e "fetichismo".

A partir dos anos 1940, aqueles que colocaram em dúvida a relação necessária entre a crítica marxiana do capitalismo e uma concepção utilitarista e produtivista do homem, destinado exclusivamente a ampliar sua dominação sobre a natureza, foram principalmente os representantes da Escola de Frankfurt, Theodor Adorno e Herbert Marcuse na proa, assim como, de uma maneira bastante diferente, os situacionistas e Guy Debord. A experiência da arte moderna constituía, para todos eles, o modelo de uma relação menos "interessada" com as coisas, mais lúdica e convivial. Na medida em que essas correntes críticas veem o defeito maior da sociedade do pós-guerra não mais na miséria material, mas na alienação da vida cotidiana, a saída prevista por eles não poderia mais se desenrolar exclusivamente num nível econômico, mas supostamente tinha que abranger todos os aspectos da vida.

O que está em jogo é a questão do *trabalho*. Marx hesitou, desde suas obras de juventude até seus últimos escritos, como a *Crítica do Programa de Gotha* (1875), entre o programa de uma libertação *do* trabalho (portanto, através do trabalho) e o de uma libertação *em relação* ao trabalho (portanto, libertar-se do trabalho). Sua crítica da economia política contém uma ambiguidade profunda no que diz respeito ao trabalho. O movimento operário e o marxismo oficial, que se tornou em certos países a ideologia de uma modernização recuperadora, e em outros a da integração efetiva da classe operária, não guardaram da ambiguidade marxiana nada além da centralidade e do louvor do trabalho, concebendo cada atividade humana como um trabalho e invocando o advento de uma "sociedade de trabalhadores". Os primeiros a colocar em dúvida a ontologia do trabalho, reivindicando ao mesmo tempo os conceitos essenciais de Marx, foram os mesmos autores críticos da economia que acabamos de citar. O *"Ne travaillez jamais"* [Nunca mais trabalhe] dos situacionistas, herdado de Rimbaud e dos surrealistas, ia ao encontro da "grande recusa" de que falava Marcuse.

Todavia, a maior parte daqueles que começaram a carreira intelectual durante o período do pós-guerra denominado "Os Gloriosos Trinta", o qual estava sob a bandeira do marxismo, preferiram, para se distanciar desse pensamento, acusá-lo, até mesmo em suas versões mais heterodoxas, de só apreender uma parte limitada da existência humana. Talvez as análises econômicas estejam corretas, dizem eles, mas o pensamento marxista se engana redondamente ao querer deduzir dessas análises consequências para as outras esferas da existência humana: a linguística, a simbólica, a afetiva, a antropológica, a religiosa etc. Cornelius Castoriadis e Jürgen Habermas são casos paradigmáticos daqueles que reduziram Marx ao papel de um *expert* em economia, terreno em que ele até pode ter certa utilidade; mas ele não seria muito "competente" para outros vastos campos da vida que supostamente obedecem a lógicas bem diferentes. A "crítica do valor" escolheu outra abordagem. Para ela, a crítica da economia política de Marx contém um questionamento das bases da sociedade capitalista muito mais radical do que propunha o marxismo tradicional. Assim, o valor, o dinheiro, a mercadoria e o trabalho não são dados "neutros", trans-históricos e eternos, mas constituem o coração da especificidade negativa do capitalismo moderno. Logo, são essas categorias de base que devem ser alvo de crítica, e não somente a existência das classes sociais, do lucro, do sobrevalor (ou mais-valia), do mercado e das relações jurídicas de propriedade — que são essencialmente formas de distribuição do valor, ou seja, fenômenos derivados.

Em vez de efetuar uma ampla comparação entre os pontos de vista da crítica do valor e da teoria do dom — o que não deixa de ser bastante desejável —, vamos limitar-nos aqui a indicar alguns pontos em que a crítica do valor se distancia mais do marxismo tradicional e em que uma confrontação teórica com a teoria do dom parece mais promissora. Esse primeiro esboço de comparação se limita essencialmente à esfera teórica. As consequências práticas, em que a distância parece maior, serão deixadas de lado — principalmente no que toca às esperanças que a teoria do dom deposita no associacionismo, no "terceiro setor" etc., e até no projeto de fundar uma "social-democracia radicalizada e universalizada" a fim de voltar ao modelo fordista considerado uma forma de "reencastramento da economia na sociedade".[59] Aos olhos da crítica do valor, isso não é nem possível nem desejável.

---

[59] CAILLÉ, A. *Antropologia do dom, op. cit.* Caillé e Laville dizem que "sociedade de mercado e a democracia continuam sendo incompatíveis" (A. Caillé e J.-L. Laville: "Atualidade de Karl Polanyi", *In: Revue du*

Marx, ao contrário de quase toda a tradição marxista, não argumenta *do ponto de vista do trabalho*, concebido como essência eterna, que no capitalismo estaria "escondida" por trás das outras formas sociais. Quem melhor analisou este aspecto pouco conhecido do pensamento de Marx foi Moishe Postone, o autor de *Tempo, trabalho e dominação social. Uma reinterpretação da teoria crítica de Marx* (1993). Ele resume a problemática assim: "Em outras sociedades, as atividades de trabalho estão incrustadas em uma matriz social não disfarçada, e não são, portanto, nem 'essências' nem 'formas fenomenais'. É a particularidade do papel desempenhado pelo trabalho no capitalismo que constitui o trabalho ao mesmo tempo como essência e como forma fenomenal. Em outros termos, considerando que as relações sociais características do capitalismo são mediadas pelo trabalho, essa formação social tem a particularidade de dar uma essência ao trabalho. Ou ainda: pelo fato de as relações sociais características do capitalismo serem mediadas pelo trabalho, essa formação social tem a particularidade de possuir uma essência".[60]

MAUSS *semestral*, n° 29, 2007, p. 100), mas quando falam do capitalismo e do mercado, parece que estão pensando somente no neoliberalismo.

[60] Postone, Moishe. *Temps, travail et domination sociale. Une réinterprétation de la théorie critique de Marx* [Tempo, trabalho e dominação social. Uma reinterpretação da teoria crítica de Marx] (1993). Paris: Éditions Mille et une nuits, 2009, p. 248. Para um ensaio crítico acerca dessa obra fundamental, ver A. Jappe: "*Avec Marx, contre le travail*" ["Com Marx, contra o trabalho"], *Revue Internationale des livres et des idées*, n° 13, set–out. 2009.

É só no capitalismo que o trabalho, em vez de estar "incrustado" no conjunto das relações sociais, como no caso das sociedades pré-capitalistas, torna-se ele próprio um princípio de mediação social.[61] O movimento de acumulação de unidades de trabalho morto (quer dizer, trabalho já executado) sob forma de "capital" se torna o "sujeito autômato" — o termo é de Marx — da sociedade moderna. Evidentemente, toda sociedade deve organizar de alguma maneira sua produção material, seu "metabolismo com a natureza" (Marx), mas nas sociedades pré-capitalistas essa produção entrava em quadros sociais organizados de acordo com outros critérios que não eram os da troca de unidades de trabalho entre produtores formalmente independentes. Eis a razão pela qual não havia nem o "trabalho" nem a "economia" no sentido moderno.[62] O trabalho, no sentido moderno, tem uma dupla natureza: ele é ao

---

[61] M. Postone, depois de ter mencionado que Polanyi "também sublinha a natureza historicamente única do capitalismo moderno", critica-o por colocar a ênfase "quase exclusivamente no mercado" e por se basear numa "ontologia social implícita". De acordo com Postone, para Polanyi, o que caracteriza o capitalismo é somente a transformação do trabalho humano, da terra e do dinheiro em mercadoria, enquanto que a "a existência dos produtos do trabalho como mercadorias é de certo modo algo socialmente 'natural'. Essa compreensão muito comum difere daquela desenvolvida por Marx, para quem nada é 'por natureza' uma mercadoria e para quem a categoria mercadoria está relacionada a uma forma historicamente específica de relações sociais e não a coisas, a homens, a terra ou a dinheiro". (M. Postone, *Tempo, trabalho e dominação social.* op. cit. p. 223.)

[62] Historiadores como Moses Finley (*A economia antiga* (1973), trad. port. Ed. Afrontamento, 1986) e Jean-Pierre Vernant (*Mito e*

mesmo tempo trabalho concreto e trabalho abstrato (que, para Marx, não tem nada a ver com um "trabalho imaterial"). Não são dois tipos de trabalho diferentes, mas dois lados do mesmo trabalho. O que cria o laço social no capitalismo não é a variedade infinita de trabalhos concretos, mas o trabalho em sua qualidade de ser trabalho abstrato, sempre igual e submetido ao mecanismo fetichista de seu crescimento. Nessas condições, a socialização somente se cria *post festum*, como *consequência* da troca de unidades de valor, e não como seu pressuposto. Onde a produção é organizada em torno do trabalho abstrato, pode-se dizer que o laço social se constitui de uma maneira já alienada, despojada do controle humano,[63] enquanto que o trabalho nas outras sociedades está subordinado a um laço social estabelecido de maneira diferente. A "síntese social" pode, assim, existir sob duas formas principais e opostas: seja através da troca de dons — em que o objetivo é a produção de um laço entre pessoas — seja através da troca de equivalentes, em que a produção de laços nada mais é do que a consequência quase acidental do encontro entre produtores isolados num mercado anônimo. O dom pode ser descrito como uma forma de organização social em que o trabalho e seus produtos não se medeiam entre si mesmos, "pelas costas" dos

---

pensamento entre os gregos, trad. ed. Paz e Terra, 1990) demonstraram isso em relação à Antiguidade.

[63] Em uma sociedade fetichista, o holismo metodológico, como o de Durkheim, aproxima-se mais da verdade do que qualquer "individualismo metodológico"; mas ele ontologiza o que é próprio de uma formação social particular.

participantes; trata-se, logo, de uma sociabilidade direta, não regida por relações de coisas autonomizadas. O dom não é uma coisa, como chamam a atenção seus pensadores, mas sempre uma relação, "uma relação social sintética a priori, *sendo inútil querer reduzi-la aos elementos que ela relaciona*".[64]

Decorre daí que o "economismo", enquanto subordinação de toda atividade humana à economia, não é um erro da teoria: ele é bem real na sociedade capitalista — mas somente nesta. O "economismo" não constitui um dado imutável da existência humana, e ainda menos algo a se reivindicar. Pelo contrário, essa subordinação é um aspecto da sociedade capitalista que pode e que deve ser mudado. É preciso, de qualquer modo, sublinhar que essa centralidade da "economia", e do aspecto "material" em geral, na modernidade (em detrimento, por exemplo, do "reconhecimento") não se explica senão pela autonomização do trabalho abstrato. Postone talvez vá um pouco longe demais ao identificar o Marx por ele reconstruído com o verdadeiro edifício teórico de Marx — o qual, bem mais do que Postone admite, contém *também* grande quantidade de elementos que serviram de base para a construção do marxismo "tradicional" do movimento operário. A "crítica do valor" formulada na Alemanha por Robert Kurz, *Krisis* e *Exit!*, faz uma distinção entre uma parte "exotérica" da obra de Marx — a teoria da luta de classes e da emancipação dos trabalhadores,

---

[64] Godbout, J. T. e Caillé, A. *L'Esprit du don* [O espírito do dom] (1992). Paris: La découverte, 2000, p. 28.

que acabou por se tornar uma teoria para a modernização do capitalismo numa época em que este ainda se caracterizava por inúmeros traços pré-modernos — e uma parte "esotérica", em que Marx analisou — especialmente nos primeiros capítulos de *O Capital* — o núcleo mesmo da sociedade mercantil: a dupla natureza do trabalho e a representação de seu lado abstrato no valor e no dinheiro.

O valor descrito por Marx está longe de ser uma simples categoria "econômica". A ruptura radical de Marx em relação aos fundadores da economia burguesa, Adam Smith e David Ricardo, consistia no fato de não mais considerar a representação do trabalho num "valor" como algo neutro, natural e inocente.[65] Não é o lado concreto de um trabalho que se representa no valor, e assim em uma quantidade de dinheiro, mas seu lado abstrato — a simples duração de sua execução. É o trabalho abstrato que determina o valor de uma mercadoria. Não é a utilidade ou a beleza da mesa que constitui seu valor, mas o tempo empregado tanto para produzi-la, quanto para produzir seus componentes. O trabalho abstrato é por definição indiferente a todo conteúdo e a única coisa que conhece é a quantidade e seu aumento. Subordinar a vida dos indivíduos e da humanidade inteira aos mecanismos dessa acumulação, sem nem mesmo disso ter consciência: eis o "fetichismo

---

[65] A crítica marxiana da troca de equivalentes não teria sentido se essa troca não se opusesse, implicitamente, a outras formas de circulação possíveis.

da mercadoria" de que fala Marx.⁶⁶ Esse "fetichismo" está longe de ser uma simples mistificação, um véu, como se costumar acreditar. É necessário entendê-lo verdadeiramente em sua dimensão antropológica, a que remete a origem da palavra: a projeção da força coletiva em fetiches que o próprio homem criou, mas dos quais ele crê depender. A mercadoria é, num sentido bem objetivo — e não somente psicológico — o totem em torno do qual os habitantes da sociedade moderna organizaram sua vida.

Essa autonomização do valor e, portanto, da razão econômica só existe na sociedade capitalista. É o que Marx descreveu como a inversão da fórmula "mercadoria-dinheiro-mercadoria" para "dinheiro-mercadoria-dinheiro", e que só pode existir na forma de "dinheiro-mercadoria-mais dinheiro". Por consequência, a produção de bens e serviços não é mais do que um meio, um "mal necessário" (Marx) para transformar uma quantia determinada de dinheiro numa quantia maior. É daí que decorre o "produtivismo" tão característico do capitalismo.

---

[66] Robert Kurz resume tal conceito da seguinte forma: "[...] O fetichismo tornou-se autorreflexivo, estabelecendo assim o trabalho abstrato como máquina que traz em si sua própria finalidade. A partir disso, o fetichismo não se 'extingue' mais no valor de uso, mas se apresenta sob a forma de movimento autônomo do dinheiro, como transformação de certa quantidade de trabalho morto e abstrato (mais-valia) e, com isso, como movimento de reprodução e autorreflexão tautológica do dinheiro, que somente nessa forma se torna capital, e, portanto, um fenômeno moderno". (KURZ, Robert. *O colapso da modernização: derrocada do socialismo de caserna à crise da economia mundial*. Trad. Karen Elsabe, São Paulo: Paz e Terra, 1992, p. 23.)

O "valor" não se limita a uma esfera particular da vida social. Ele se constitui antes de tudo numa "forma *a priori*", num sentido quase kantiano: numa sociedade mercantil, tudo o que existe é percebido apenas como quantidade de valor, logo, como quantidade de dinheiro. A transformação em valor se coloca como mediação universal entre o homem e o mundo; ainda em termos kantianos, o valor é o "princípio de síntese" da sociedade nele baseado.

Isso leva a crítica do valor a recusar a pretensão do "materialismo histórico" de possuir uma validade trans-histórica, assim como a rejeitar a oposição entre "base" (econômica) e "superestrutura".[67] Por um lado, o fetichismo da mercadoria é um fenômeno moderno — as sociedades precedentes se baseavam em outras formas de fetichismo. Quando o trabalho era subordinado a uma ordem social estabelecida e servia principalmente à perpetuação das hierarquias sociais existentes, como na Antiguidade ou na Idade Média, esse fetichismo não podia desenvolver uma dinâmica autoinstituinte, como fez mais tarde ao se tornar um sistema baseado na acumulação tautológica de unidades de trabalho morto e que forja para si o seu próprio

---

[67] A crítica do valor, como já foi dito, não se preocupa em restabelecer "o que Marx verdadeiramente disse" ou quis dizer. Admite, portanto, que se podem encontrar passagens em Marx que vão em outra direção, por exemplo, no que diz respeito à universalidade da razão econômica. Todavia, a crítica do valor pretende desenvolver com coerência o *núcleo* conceitual das intuições marxianas mais importantes e mais inovadoras.

pessoal de serviço. Mas mesmo numa sociedade mercantil completamente desenvolvida, a questão principal não é o "primado da economia". O valor pode antes ser definido como uma "forma social total", o que permite traçar um atalho entre Marx e Mauss. A mesma lógica — que consiste, no plano mais geral, na subordinação da qualidade à quantidade e na indiferença da forma em relação ao conteúdo concreto — encontra-se em todos os planos da existência social, até nos recantos mais íntimos daqueles que vivem numa sociedade mercantil. A forma-mercadoria também é uma forma-pensamento, como demonstrou o filósofo alemão Alfred Sohn-Rethel (1899–1991).[68] O pensamento abstrato e matemático, assim como a concepção abstrata do tempo, foi, a partir da Antiguidade, mas principalmente desde o fim da Idade Média, tanto uma consequência como um pressuposto para a economia monetária e mercantil, sem que se possa distinguir entre o que seria a "base" e o que seria a "superestrutura".

Entretanto, poderíamos fazer a objeção de que a crítica do valor, mesmo não concebendo o valor num sentido puramente econômico, vê sempre nele um princípio "monista": a sociedade contemporânea seria completamente determinada pelo valor e, deste modo, pela troca de equivalentes. Não existiria nenhum lugar para o dom nem para os atos que não são ligados

---

[68] Cf. a primeira edição francesa de seus escritos selecionados: *La pensée-marchandise*, Bellecombes-en-Bauges: Editions du Croquant, 2009.

a um cálculo. O *homo œconomicus* parece, assim, estar inteiramente presente nessa crítica, só que numa versão mais refinada. Na verdade, a crítica do valor rapidamente superou, em seu desenvolvimento, uma tal concepção (que tornaria impensável, aliás, toda e qualquer saída positiva do capitalismo). O valor não existe nem pode existir, a não ser numa relação dialética com o não valor, e essa relação é necessariamente antagonista. Historicamente, por muito tempo, a produção mercantil somente se deu em nichos; limitava-se a setores muito restritos (por exemplo, a indústria da lã). Todo o resto da produção obedecia a outras leis, já que era garantido pela produção doméstica e pela apropriação direta (escravidão, servidão). A difusão histórica do capitalismo foi idêntica a uma extensão progressiva da produção mercantil a setores sempre novos da vida. Após ter se apoderado de toda a indústria e da agricultura no decurso do século XIX, no século XX ela invadiu a reprodução cotidiana, principalmente sob forma de "serviços". Quer seja a implantação da indústria agroalimentar, ou a comercialização de cuidados com crianças e idosos, quer seja o desenvolvimento da indústria cultural, ou a expansão das terapias: a necessidade bulímica do capital de encontrar esferas sempre novas de valorização do valor o empurra a "valorizar" esferas vitais que antes eram consideradas "sem valor". Essa "colonização interior" da sociedade cumpriu um papel no mínimo tão importante quanto o da "colonização exterior" para fazer frente à tendência endêmica ao esgotamento da produção de valor, por causa das ínfimas quantidades de valor "contidas" em cada mercadoria singular. Essa diminuição permanente é o resultado da tecnologia substituindo o trabalho vivo, única fonte de valor mercantil.

O processo de "valorização" do que ainda não está sujeito à lógica do valor não acabou, nem nunca poderá acabar. Com efeito, essas vitórias da mercantilização são como vitórias de Pirro. Ao ocupar e arruinar as esferas não mercantis, o capital resolve a curto prazo seus problemas de valorização no plano econômico. Mas solapa suas próprias bases no plano social. A lógica mercantil, baseada na indiferença em relação a conteúdos e consequências, não é viável como tal. Uma sociedade nunca poderá fundar-se exclusivamente nessa lógica, sob pena de desembocar na anomia total. Numerosas atividades fundamentais da vida, a começar pela educação das crianças, a vida amorosa ou o mínimo de confiança recíproca, não podem desenrolar-se segundo a lógica mercantil da troca entre equivalentes e seguindo nos moldes de um contrato. A lógica mercantil, para funcionar, para dispor de uma sociedade em cujo seio possa evoluir, precisa que uma parte da vida social siga de acordo com critérios não mercantis. Mas, ao mesmo tempo, sua lógica cega e fetichista (e não a estratégia de um megassujeito chamado "classe capitalista") a empurra a ir carcomendo esses espaços. O valor não é uma "substância" que se desdobra, mas uma espécie de "nada" que se alimenta do mundo concreto e o consome. Enquanto não somente o pensamento burguês, mas até mesmo a quase totalidade do marxismo aceitaram o valor como um dado natural e até fizeram sua defesa (gloriosa classe operária que "cria todos os valores"!), a crítica do valor vê nele uma forma historicamente negativa e destruidora. Se o capital conseguisse um dia transformar tudo em valor, esse triunfo seria igualmente o seu fim. O valor não é a "totalidade", uma realidade englobando tudo, da qual seria preciso tomar posse; mas o valor é "totalitário", no sentido de que possui uma tendência a reduzir tudo a si mesmo, sem poder, todavia, conseguir fazer isso. A totalidade só existe enquanto "totalidade fragmentada".

Assim, a crítica do valor reivindica ir muito mais longe do que as outras abordagens que criticam o economismo, pois ela indica claramente as suas causas. Do mesmo modo, a crítica do crescimento só tem sentido quando está ligada a uma análise do dinamismo inerente ao valor, bem como da crise rumo à qual esse dinamismo inevitavelmente conduz.[69] Com efeito, a previsão de uma crise de maior envergadura — causada pelo fato de o limite interno do sistema de valorização do valor ter sido atingido — vem se constituindo nos últimos vinte anos como um dos eixos de maior importância da crítica do valor, e essa previsão se vê agora largamente confirmada.

A crítica do valor concorda com o paradigma do dom no seguinte ponto: mesmo no interior da sociedade contemporânea, numerosos aspectos da vida, e aspectos sem os quais essa vida não seria possível, não

---

[69] Ver o capítulo "Decrescentes, só mais um esforço...!", 183.

se dão sob a forma de uma troca de equivalentes, logo, não são mensuráveis como quantidade de trabalho abstrato e não estão imediatamente a serviço dos interesses materiais de seus autores. O valor só "funciona" porque existe o não valor. Consequentemente, pode-se falar de um "lado obscuro do valor", de sua "face escondida", como a face escura da lua que nunca vemos, mas que não deixa de estar lá, tão grande quanto a face visível.

Entretanto, a crítica do valor tira dessa constatação consequências menos otimistas do que os teóricos do dom. Para ela, a esfera não mercantil não é uma lógica alternativa que corre por cima da lógica mercantil triunfante, podendo enquanto tal ser mobilizada para constituir o ponto de partida de uma sociedade não mercantil ou o caminho para uma vida às margens do setor mercantil. Numa sociedade mercantil, a esfera não mercantil apenas existe como esfera subordinada e mutilada. Ela não é uma esfera da liberdade, mas a criada desprezada, embora necessária, do esplendor mercantil. Ela não é o contrário do valor, mas seu pressuposto. A esfera do valor e a do não valor formam juntas a sociedade do valor. Mesmo que as atividades não mercantis, como a vida familiar ou a cooperação entre vizinhos, não tenham sido criadas historicamente pela lógica do valor, foram absorvidas sucessivamente em sua esfera e subsistem agora como suas forças auxiliares. Portanto, elas não constituem como tais uma realidade "outra", nem representam, em sua forma atual, o ponto de apoio para uma resistência à mercantilização. Elas não são o "resto não alienado" (Theodor W. Adorno), nem aquilo que escapou à mercantilização. São igualmente portadoras das marcas de uma sociedade fetichista. A mulher que cuida da casa e não recebe por isso, que não cria nem recebe valor (no sentido econômico, claro), não faz parte em menor grau da socialização pelo valor. Ela garante esse "lado obscuro" sem o qual a produção de valor não funcionaria, embora ele próprio não seja sujeito da forma-valor. A dona de casa tradicional só pode ter acesso à esfera do valor de forma indireta: organizando a reprodução cotidiana da força de trabalho de seu marido e criando a força de trabalho futura. Essa esfera "dissociada" em relação ao valor obedece efetivamente a outras regras: o trabalho de uma dona de casa não pode ser descrito em termos de "exploração econômica" no sentido de uma extração de mais-valia. Mas esse trabalho é funcional e até indispensável à valorização. As duas esferas são a condição de existência uma da outra.

O exemplo da dona de casa não foi escolhido por acaso: a distinção entre a esfera do valor e a do não valor coincide grandemente com a divisão tradicional dos papéis entre os sexos. O estabelecimento gradual da sociedade mercantil a partir do final da Idade Média incluía a separação entre o trabalho que "cria" o valor, realizável nos mercados, e as outras atividades vitais, tão necessárias quanto as outras, mas que não se traduzem numa quantidade de "valor" e, consequentemente, não são "trabalho". De um lado, a acumulação progressiva de valor, sujeita a uma lógica linear e histórica e se desenrolando na esfera pública; de outro, a esfera da reprodução dessa força de trabalho no campo privado, submetida a uma eterna lógica cíclica: a parte não mercantil da sociedade mercantil. Somente a participação na esfera do trabalho dá acesso a uma existência pública e a um papel de sujeito, enquanto que a esfera doméstica permanece ancorada numa espécie de quase-naturalidade, fora da história e de todo e qualquer debate. A esfera do valor é a esfera do homem, e a esfera doméstica a da mulher, excluída por esta razão de todo poder oficial de decisão e do estatuto de "sujeito". Trata-se decerto de uma lógica estrutural, que nem sempre está ligada ao sexo biológico de seus portadores. Na história, mulheres fizeram excepcionalmente parte, e desde há algumas décadas massivamente, da esfera do valor, sendo operárias ou presidentes; em contrapartida, os homens que faziam parte da reprodução cotidiana, como os criados, e que se encontravam, portanto, como mulheres numa dependência pessoal em relação a seus empregadores, e não numa dependência anônima em relação a um mercado regido por contratos, eram, como as mulheres, excluídos da esfera pública (assim, o direito de voto, quando foi concedido aos operários, nem sempre foi estendido aos criados).

À produção de valor estão associados os "valores"[70]

---

[70] Desta vez, utilizamos a palavra "valor" no sentido corrente de "norma de comportamento", enquanto que nas outras ocorrências falamos de valor somente no sentido de "valor de uma mercadoria". Mas é evidente que existe uma ligação entre as diferentes significações.

masculinos: dureza consigo mesmo e em relação aos outros, determinação, razão, cálculo, contrato; já as atividades não mercantis são associadas aos "valores" femininos: doçura, compreensão, emoção, dom, gratuidade. Isso não quer dizer que as mulheres "são" por natureza assim, mas que tudo o que não entra na lógica do valor é projetado na "feminilidade". É permitido, principalmente hoje, aos homens e às mulheres atuarem no campo um do outro, mas sempre absorvendo os valores dominantes desta esfera. E é evidente que essas esferas não são simplesmente complementares, mas hierarquizadas. Certo número de mulheres pode ter acesso à esfera masculina, à produção e à gestão do valor, mas as atitudes consideradas como "femininas" permanecem sempre marcadas por um sinal de inferioridade em relação às coisas "sérias". Eis por que Roswitha Sholz intitulou o artigo da revista *Krisis* nº 12 — em que formulou, em 1992, o teorema sobre a relação entre o valor e o que dele é dissociado — desta forma: "O valor é o homem". Ela resume assim o problema: "Porque aquilo que o valor não pode agarrar, aquilo que é, portanto, dissociado por ele, desmente precisamente a pretensão à totalidade da forma-valor; isso representa o não dito da própria teoria e escapa aos instrumentos da crítica do valor. As atividades femininas de reprodução representando o avesso do trabalho abstrato, não podem ser subsumidas na noção de 'trabalho abstrato', como fez amiúde o feminismo que retomou em grande medida e por sua própria conta o trabalho como categoria positiva, o que tinha pertencido ao marxismo do movimento operário. Nas atividades dissociadas que abrangem igualmente, e não em último lugar, a afeição, a assistência, os cuidados dispensados às pessoas frágeis e doentes, até o erotismo, a sexualidade e o 'amor', estão também incluídos sentimentos, emoções e atitudes contrárias à racionalidade da 'economia de empresa' reinante no campo do trabalho abstrato, e que se opõem à categoria do trabalho, embora não estejam completamente isentos de uma certa racionalidade utilitarista e de normas protestantes".[71]

Quais consequências a crítica do valor pode tirar disso? Não se pode tratar de reivindicar um "salário para as donas de casa", porque isso significaria continuar a só atribuir importância social ao que pode ser representado num valor mercantil, portanto, no dinheiro. Nem de proceder a uma simples valorização positiva desse "lado obscuro", dissociado, em nome da "diferença". Do mesmo modo, parece difícil organizar uma esfera do dom *ao lado* da esfera mercantil:[72] o que empurra o capital a conquistar esferas de valorização sempre novas é a sua dinâmica interna, e não uma má vontade da parte de seus gestores passível de ser domesticada com meios políticos. Ele nunca poderia

---

[71] Roswitha Scholz. Original *Der Wert ist der Mann* [O valor é o homem]. Publicado na revista *Krisis* n° 12, 1992, pp. 19–52. Tradução portuguesa de José Marcos Macedo publicada em S. Paulo, *Novos Estudos* – CEBRAP, n°. 45 - julho de 1996, pp. 15–36.

[72] Ver, a este respeito, a troca de cartas entre André Gorz e certos autores da crítica do valor que durou anos e que foi publicada na revista austríaca *Streifzüge*.

"coabitar" pacificamente com uma esfera do dom e da gratuidade. A crítica do valor tem consciência de que relações sociais diferentes da troca de equivalentes e do contrato se dão no interior da sociedade capitalista. No entanto, para ela, o potencial emancipador dessas formas de relação não poderá espraiar-se senão à custa de uma saída generalizada do trabalho abstrato como forma de mediação social autônoma e fetichizada. Não se trata de ficar lamentando uma espécie de "ingratidão" do sistema mercantil que não leva suficientemente em conta, por exemplo, a "cooperação na empresa". Nas sociedades pré-capitalistas, talvez tenham podido coexistir, como afirma Polanyi, a reciprocidade, a redistribuição e os mercados locais; mas o mercado sem rédeas — em que a transformação do trabalho em dinheiro, logo, a multiplicação do trabalho abstrato torna-se a única finalidade da vida social — *deve* destruir as outras formas de troca, que, por sua vez, não poderão ser restauradas senão a preço de uma superação global da subordinação do mundo concreto à forma-mercadoria.

Finalmente, a crítica do valor e a teoria do dom estão entre os pensamentos contemporâneos mais atentos a um dos aspectos mais ameaçadores do mundo contemporâneo: indivíduos e grupos cada vez mais numerosos se tornam "supérfluos" visto que "inúteis". "Inúteis" do ponto de vista do utilitarismo, "inúteis" do ponto de vista da valorização do valor. "Em uma sociedade que tem por alicerce o dever da utilidade, nada é pior do que o sentimento de ser supérfluo", diz Caillé[73] falando dos regimes totalitários. Mas será que não é o totalitarismo da razão mercantil, baseada no trabalho, que está tornando supérfluas porções cada vez maiores da humanidade e, finalmente, a própria humanidade? E será que é possível, sem se referir ao reino mortífero do valor abstrato e do trabalho abstrato, explicar o fato de os indivíduos terem se tornado absolutamente intercambiáveis — intercambialidade que constituiria a ligação entre utilitarismo e totalitarismo? Será que é possível, sem essa referência, compreender a *reductio ad unum* que faz com que, para o utilitarismo, todos os prazeres sejam comparáveis, e logo iguais, e não se distingam senão quantitativamente a ponto de o "prazer de escutar J. S. Bach" não mais ser irredutível "ao de degustar um camembert"?[74]

---

[73] Alain Caillé, *Antropologia do dom, op. cit.*, p. 285.
[74] A. Caillé. *Antropologia do dom, op. cit.*, p. 279.

«*Common decency*» ou corporativismo? Observações sobre a obra de Jean-Claude Michéa

De acordo com alguns, o capitalismo, também chamado economia de mercado — ao qual se soma a democracia —, vive uma fase histórica de grande expansão, apesar de suas crises. De acordo com outros, esses triunfos não passam de uma fuga para frente que mascara sua situação cada dia mais precária. De toda maneira, seria correto dizer que vivemos uma época que não se assemelha a nenhuma outra. Isso parece uma evidência — exceto para aqueles que fizeram da crítica do capitalismo uma profissão. Poderia parecer previsível que o fim definitivo do "socialismo de Estado" em 1989 colocasse também um fim no gênero de marxismo que está ligado, de uma maneira ou de outra, à modernização "recuperadora" que teve lugar nos "Estados operários". O campo parecia desde então livre para a elaboração de uma nova crítica social à altura do capitalismo pós-moderno e capaz de retomar as questões de base. Mas o rápido empobrecimento da classe média, evolução que quase ninguém previu, pôde dar um vigor inesperado a recriminações que não pretendem repreender, no sistema capitalista, nada mais do que as injustiças ligadas à distribuição e os efeitos colaterais produzidos por ele, sem nunca colocar seriamente em questão sua própria existência, nem o tipo de vida imposto por ele. Com frequência, é apoiando-se nos conceitos mais vencidos do marxismo tradicional que trotskistas eleitorais, negristas e outros cidadanistas apresentam seu requerimento de uma gestão diferente da sociedade industrial capitalista. Aqui, a crítica social se reduz essencialmente ao dualismo entre exploradores e explorados, dominantes e dominados, conservadores e progressistas, direita e esquerda, malvados e bonzinhos. Então, não há nada de novo sob o sol. As frentes de combate continuam sendo as mesmas. E um Karl Marx reduzido a combatente dos "lucros imorais" goza novamente de direito à presença nas grandes mídias. A crise financeira dos fins de 2008 contribuiu para que essa explicação do mundo ganhasse alguns pontos.

Felizmente, à margem desse confronto midiático-eleitoral entre liberalismo e altermundialismo — que amiúde não passa de uma versão modernizada da social-democracia —, outras formas de crítica social começaram a ser formuladas. Livres da obrigação de lançar *slogans* para juntar multidões, alguns autores focaram sua crítica especialmente no estado real dos sujeitos criados pelo capitalismo e colocaram em dúvida o mito de uma esquerda, ou de uma extrema esquerda, heroicamente oposta a um capital sempre desejoso de anular as "conquistas dos trabalhadores" ou das "minorias". Apesar de haver muitas diferenças em seus enfoques, e até oposições acerca de numerosos pontos, podem-se encontrar elementos dessa perspectiva em autores como Luc Boltanski, Serge Latouche (e mais geralmente em autores ligados ao tema do "decrescimento"), Dany-Robert Dufour, Annie Lebrun, Jaime Semprum ou Jean-Claude Michéa, para se limitar a autores franceses. As fontes de onde partem são muito variadas e vão das ideias situacionistas até a psicanálise lacaniana, do surrealismo à ecologia.

É próprio desses autores não terem elaborado suas teorias a partir de uma retomada da crítica da economia política, como fez a crítica do valor e do fetichismo da mercadoria. Como a crítica do valor pode ajudar a compreender a importância e os limites dessas formas inéditas de crítica social? Para começar o debate, vamos comentar aqui uma parte da obra de Jean-Claude Michéa. Esse autor estranho à universidade e à mídia tem encontrado, há quinze anos, um público cada vez maior.[75] A partir de seus primeiros livros sobre

---

[75] Principais publicações: *Orwel, anarchist story* [Orwel, história anarquista] (1995); *L'Enseignement de l'ignorance et ses conditions modernes* [O ensino da ignorância e suas condições modernas] (1999);

Georges Orwell e sobre o "Ensino da ignorância", ele elaborou uma crítica social muito original, principalmente por englobar também uma forte crítica de toda a esquerda, acusada por ele de "liberal" e de ter abandonado toda e qualquer perspectiva verdadeiramente anticapitalista. Em seus escritos, encontram-se aspectos que podemos subscrever sem reservas, e que abrem verdadeiras novas perspectivas para a compreensão do "apocalipse de nosso tempo", aos quais devemos ser gratos. Por outro lado, há outras reflexões sobre as quais não se pode deixar de expressar, do ponto de vista da crítica do valor, um desacordo por vezes até muito forte. E isso é um bom sinal para as novas condições da crítica: não existe mais uma escala única para determinar se um pensamento está próximo ou distante de outro, não é mais preciso estar inscrito obrigatoriamente em partidos da reflexão que acreditam que aqueles que compartilham as opiniões a respeito de "A" devem também necessariamente compartilhar as opiniões sobre "B".

A tese principal de Michéa parece provocadora para todo militante de esquerda: ele descreve a "esquerda" como uma forma do liberalismo. Mas essa

---

Impasse Adam Smith. Brèves remarques sur l'impossibilité de dépasser le capitalisme sur la gauche [Impasse Adam Smith. Breves notas sobre a impossibilidade de ultrapassar o capitalismo na esquerda] (2002); *Orwel éducateur* [Orwel educador] (2003), *L'empire du moindre mal. Essais sur la civilisation libérale* [O império do mal menor. Ensaios sobre a civilização liberal] (2007) (todas publicadas pelas Éditions Climats); *La double pensée. Retour sur la question libérale* [O pensamento duplo. Retorno sobre a questão liberal], Paris: Champs-Flammarion, 2008.

amarga constatação é efetivamente essencial para se compreender a história do capitalismo. A crítica do valor também partilha dessa constatação: no início das *Aventuras da mercadoria*, pode-se ler que Karl Marx, com uma parte de sua obra (a parte "exotérica"), foi "o teorizador da modernização, o 'dissidente do liberalismo político' (Kurz), um representante das Luzes que queria aperfeiçoar a sociedade industrial do trabalho sob a direção do proletariado".[76] Michéa tem razão de sublinhar que o capitalismo não é um sistema conservador em sua essência e que o espírito burguês não é idêntico ao capitalismo. Ele analisa com acuidade a contribuição que muitos dos combates da esquerda pós--1968 deram à modernização do capitalismo, como o culto da juventude, do nomadismo e dos homens sem qualidades e sem laços (do que Gilles Deleuze foi o preceptor mais conhecido).[77] Michéa aponta as ambi-

---

[76] JAPPE, Anselm. As aventuras da mercadoria. Tradução de Miranda Justo. Lisboa: Antígona, 2006, p. 10.

[77] Gilles Deleuze e Félix Guattari ainda são tidos, em muitos meios, como pensadores ultrassubversivos. Em verdade, eles representam um caso exemplar para se estudar a passagem do libertário ao liberal entre os anos 1970 e 1990. Independentemente do que puderam ser suas intenções subjetivas, eles representaram como poucos uma crítica de aparência muito radical, que ia além da política tradicional e parecia "em consonância" com as aspirações mais profundas do pós-1968, mas que acabou por se revelar uma preparação ao "novo espírito do capitalismo", ao capitalismo pós-moderno. Com efeito, Luc Boltanski e Ève Chiapello os citam com frequência em seu livro *O novo espírito do capitalismo* (Martins Fontes, 2009). Mas para se ter uma confirmação particularmente esplêndida do papel de "modernização" que desempenharam as ideias de Deleuze e Guattari, pode-se visitar a realidade

guidades da "filosofia da suspeita" e da "demolição

virtual chamada *Second life*. Nessa espécie de "jogo" que fez furor há alguns anos (e que não tem nada de subversivo aos olhos de ninguém — a Igreja, os partidos políticos e as multinacionais criaram seus avatares oficiais), encontra-se uma realização dos desejos do sujeito pós-moderno levada ao paroxismo, desejos que eram considerados transgressivos na época do *Anti-Édipo*: o nomadismo permanente, a anulação do espaço, o deslocamento imediato rumo a todo e qualquer lugar, a possibilidade de escolher a qualquer momento seu sexo, a abolição da idade e da velhice, a imortalidade e a invulnerabilidade, a ausência de necessidades físicas tidas como incômodos (comer, beber, dormir), a inexistência de atividades penosas, o clima de festa e férias permanentes... Esse mundo sem limites, e tão bem "desterritorializado", conhece, no entanto, um limite importante e que não deixa de nos lembrar a existência da realidade da *First life*: é preciso pagar por tudo, até para obter órgãos sexuais (porque o avatar fornecido gratuitamente no momento da inscrição é assexuado, um verdadeiro "corpo sem órgãos". É preciso primeiro pagar com o dinheiro real (aceita-se cartão de crédito), que em seguida pode se multiplicar milagrosamente com atividades virtuais variadas. Não se trata, é certo, de trabalhar na terra ou em fábricas, mas essencialmente de propor a outros avatares "serviços", que vão de negócios imobiliários à prostituição. Com efeito, a anulação do espaço é relativa: se por um lado é possível deslocar-se de forma ainda mais rápida e barata do que pela companhia *Ryanair*, por outro a Terra continua limitada, e para morar ou empreender uma atividade é preciso comprar um terreno, pagável com dólares Linden (a taxa de câmbio com o dólar real varia todo dia, como por toda moeda). E a liberdade dos desejos é igualmente relativa: não se devem assediar os outros avatares, mas buscar relações consensuais, eventualmente por meio de um pagamento. É verdade que esse último aspecto faltava na celebração original das "máquinas desejantes", mas é sempre o problema das letras miúdas que esquecemos de ler antes de assinar... *Second life* é um resumo extremamente exitoso não somente da economia capitalista (é fácil compreender), mas também da vida contemporânea em geral: ausência até dos limites mais naturais, biológicos, físicos e hiperpresença dos limites criados pela sociedade. É como na realidade: pode-se dar à luz aos sessenta anos, dos heróis" e insiste nas devastações produzidas pela educação contemporânea. Ao mesmo tempo, pode-se compreender que sua crítica do Iluminismo é sempre conduzida em nome do "projeto moderno de emancipação" e não tem nada a ver com um simples lamento saudoso ao encontro de um mundo findo, inclusive no que diz respeito à sua ordem social — um tipo de lamento que começa a se difundir, até em certos nichos da crítica "anti-industrial". O autor combate a convicção de que o crescimento das forças produtivas jogará por terra as relações de produção num sentido emancipatório e vê, com razão, nas teorias de Antonio Negri e de seus seguidores, um avatar dessa ilusão que já dura dois séculos.[78] Enfim, a grande força de Michéa está em sua insistência na necessidade de uma reforma *moral* para sair do atoleiro da sociedade mercantil. Esse tema é raramente abordado por aqueles que se consideram inimigos do sistema, porque a exigência moral supõe que cada um de nós é capaz de fazer um esforço pessoal para escapar parcialmente do sistema, e que, portanto, cada um de nós deveria fazê-lo em lugar de se conceber como uma simples vítima. Das melhores páginas de Michéa, emanam, como aliás das de seu inspirador Christopher Lasch, autor de *A cultura do*

---

mudar de sexo ou fazer um implante de uma nova face — mas é preciso pagar, até para colocar sua cama em algum lugar.

[78] Acerca de Antonio Negri, ver A. JAPPE e R. KURZ, *Les habits neufs de l'empire. Remarques sur Negri, Hardt et Rufin* [Os hábitos novos do império. Notas sobre Negri, Hardt e Rufin]. Paris: Lignes/ Léo Scheer, 2003.

narcisismo,[79] um verdadeiro ar de "sabedoria", em que o pessoal encontra o universal.

No entanto, as teorias de Jean-Claude Michéa suscitam pelo menos duas grandes objeções. A primeira diz respeito a sua recusa em reconhecer a centralidade da crítica da economia política na compreensão da sociedade capitalista. A segunda, que de certa maneira decorre da primeira, refere-se ao lugar central que os conceitos "*common decency*" e "povo" ocupam em sua reflexão.

É comumente admitido que o "materialismo histórico" constitui um dos pilares do pensamento de Karl Marx e do marxismo em geral. Essa afirmação não é incorreta, apesar de Karl Marx e Friedrich Engels terem aprofundado pouco a pouco as primeiras definições meio simplistas dadas a esse conceito em suas obras de juventude, *A ideologia alemã* e *Miséria da filosofia*, às quais faz referência Michéa.[80] A explicação materialista da história significou uma grande ruptura com toda a historiografia precedente, e um certo unilateralismo — que o materialismo histórico sempre cultivou e que é notável até mesmo no próprio Marx — é devido também a essa necessidade de sustentar com vigor uma perspectiva inteiramente nova. A fossilização da obra de Marx no marxismo posterior, tor-

---

[79] LASCH, C. *A cultura do narcisismo. A vida americana na era do declínio das esperanças*. Rio de Janeiro: Imago, 1983.

[80] MICHÉA, J.-Claude. *L'empire du moindre mal. Essais sur la civilisation libérale* [O império do mal menor. Ensaios sobre a civilização liberal]. Castelnau-le-Lez, Climats, 2007, p. 63.

nado ideologia oficial de um movimento operário que agia desde então no *interior* das categorias capitalistas de base não mais colocadas em questão, transformou igualmente a intuição materialista original em artigo de fé e em denúncia obsessiva do "idealismo burguês". Mas, diferentemente do que pensa Michéa,[81] a explicação materialista da história não é logicamente idêntica à crença nos benefícios do progresso, sobre os quais, aliás, Marx começava a expressar certa dúvida no fim de sua vida. O materialismo histórico está antes ligado ao esquema "base" *versus* "superestrutura", segundo o qual as atividades de produção e reprodução materiais, de um lado, e todo o resto da existência humana, do outro, encontram-se numa relação de causa e efeito. A atividade econômica estaria, sempre e por toda parte, no centro da vida humana. Foi a constatação da importância inegável de outros fatores, tais como a linguagem, a psicologia ou a religião, que valeu ao marxismo, e ao próprio Marx, a pecha de "economismo", e empurrou muitos intelectuais inicialmente inspirados em Marx a rebaixarem o marxismo ao posto de "ciência auxiliar", ainda útil para compreender certos mecanismos econômicos, mas absolutamente inadequada para apreender a complexidade da vida moderna.

A crítica do valor rompeu radicalmente com a dicotomia entre base e superestrutura — não em nome de uma suposta "pluralidade" de fatores, mas se apoiando na crítica marxiana do fetichismo. O fetichismo

---

[81] MICHÉA, J.- Claude. *L'empire du moindre mal, op. cit.*, p. 69.

da mercadoria não é uma falsa consciência, uma mistificação, mas uma forma de existência social total, que se situa na contracorrente de toda e qualquer separação entre reprodução material e fatores mentais, visto que ele determina as formas do pensamento e do agir. Esses traços são partilhados por outras formas de fetichismo, como a consciência religiosa. Logo, o fetichismo da mercadoria poderia ser caracterizado como um *a priori* — sem ser ontológico, como em Kant, mas histórico e sujeito à evolução. Essa interrogação sobre os *códigos gerais* de cada época histórica pode ser, ao mesmo tempo, um salvaguarda — contra a fragmentação introduzida pela abordagem pós-estruturalista e pós-moderna — para uma perspectiva unitária. O desenvolvimento dessa abordagem ainda está em seus primórdios, mas se pode indicar, como exemplo de seu poder heurístico, o olhar que ela permite lançar sobre o nascimento do capitalismo nos séculos XIV e XV:[82] existe uma relação entre o início de uma visão positiva do trabalho nos mosteiros ao longo da Idade Média, a substituição do "tempo concreto" pelo "tempo abstrato" (e a construção dos primeiros relógios), as inovações técnicas e a invenção das armas de fogo — esta última esteve na origem da enorme necessidade de dinheiro dos Estados nascentes, o que impulsionou

---

[82] Jean-Claude Michéa também se propõe a explicar o nascimento dessa "exceção ocidental" — mas ele localiza o início de sua gênese no decurso do século XVII, o que é seguramente muito tarde. (*L'empire du moindre mal, op. cit.* p. 20.)

a transformação das economias de subsistência em economias monetárias. É impossível estabelecer nesse caso uma hierarquia entre fatores "ideais" (a concepção do tempo, a mentalidade do trabalho) e os fatores materiais ou tecnológicos; ao mesmo tempo, não se trata de uma simples coincidência entre elementos independentes. A aptidão à abstração e à quantificação parece constituir aqui esse fetichismo, esse código *a priori*, essa forma de consciência geral sem a qual as inovações tecnológicas ou as descobertas geográficas não teriam tido o mesmo impacto — e vice-versa.

Essa "superação" do materialismo histórico — uma verdadeira *Aufhebung* no sentido hegeliano — não é tarefa fácil; trata-se antes de um trabalho de longo fôlego. Infelizmente, a rejeição — muito justificada — da vulgata materialista conduziu muitos espíritos, a partir dos anos 1960, simplesmente a apreenderem a outra alternativa do dilema tradicional e a retornarem a formas de explicações "idealistas" da história. É o caso da obra de Michel Foucault, com seus "epistemes" vindos de lugar algum, bem como do desconstrutivismo que não vê nada mais do que "discursos" em ação. Michéa também insiste em se distinguir explicitamente do "materialismo histórico".[83] Assim, parece que o capitalismo e a sociedade liberal existem porque alguém os imaginou e outro alguém se empenhou para colocar em prática tais ideias. O capitalismo seria, segundo Michéa, "primeiramente uma metafísica (e somente em seguida o sistema realmente

---

[83] MICHÉA, J.- Claude. *L'empire du moindre mal*, op. cit., p. 63.

existente engendrado pela vontade política de experimentar essa metafísica)".[84] Escreve ele: "Sustento a ideia de que, com efeito, o movimento histórico que transforma em profundidade as sociedades modernas deve ser fundamentalmente compreendido como cumprimento lógico (ou a verdade) do projeto filosófico liberal, tal como progressivamente ele se definiu desde o século XVII".[85] De acordo com Michéa, o liberalismo foi *desejado* antes de ter sido colocado em marcha, e as "elites políticas ocidentais" empreenderam, desde há mais de dois séculos, a "materialização dos dogmas em escala global".[86]

Ora, é correto afirmar que o capitalismo possui raízes metafísicas e que não é somente, como ele próprio se apresenta, um projeto racional de dominação do mundo advindo da Filosofia das Luzes que está, por definição, para além de toda e qualquer metafísica e toda religião. Pode-se demonstrar, ao contrário, que o valor econômico e sua autovalorização permanente não só tomaram o lugar dos antigos deuses os quais era preciso sacrificar, mas também que o valor, juntamente,

---

[84] MICHÉA, J.- Claude. *Impasse Adam Smith. Brèves remarques sur l'impossibilité de dépasser le capitalisme sur sa gauche* [Impasse Adam Smith. Breves notas sobre a impossibilidade de ultrapassar o capitalismo da esquerda]. Castelnau-le-Lez, Climats, 2002, p. 130.

[85] MICHÉA, J.- Claude. *L'empire du moindre mal, op. cit.*, p. 14.

[86] MICHÉA, J.- Claude. *L'empire du moindre mal, op. cit.*, p. 68. Seria preciso também ressaltar que os liberais de hoje dificilmente podem reivindicar pensadores como Alexis de Tocqueville. Algumas das considerações desse autor estão entre os melhores alertas jamais pronunciados contra os perigos do totalitarismo "doce" de uma sociedade perfeitamente liberal e mercantil.

portanto, com o trabalho, o capital e o dinheiro, tem origem diretamente nas antigas metafísicas. Trata-se em grande parte de secularizações do que no passado se apresentava abertamente como religioso. Walter Benjamin foi um dos primeiros a fazer reflexões a esse respeito.[87]

Mas, para Michéa, a questão é outra: ele afirma que as condições para o nascimento do capitalismo já se tinham reunido várias vezes na história e que ele não é a "consequência inelutável do grau de desenvolvimento objetivo",[88] já que também era preciso certa "configuração política e filosófica".[89] Entretanto, Michéa não descreve um processo anônimo, em que os atos sociais e as ideias constituem duas faces da mesma forma fetichista. O que ele nos apresenta é uma filosofia que foi, segundo ele, capaz de remodelar a realidade. Sua tese é exposta com clareza: os horrores das guerras de religião nos séculos XVI e XVII possibilitaram o nascimento do projeto liberal e a construção de uma sociedade que não exige mais a bondade dos homens, mas somente o respeito de certas regras que lhes permitam seguir seu interesse próprio. Mas é aqui que surge um problema: se um século de massacres em nome da religião pode efetivamente explicar a gênese da filosofia de Hobbes ou de Espinoza, já não é

---

[87] BENJAMIN, W. "Le capitalisme comme religion" [O capitalismo como religião] [1921], in *Fragments philosophiques, politiques, critiques, littéraires* [Fragmentos filosóficos, políticos, críticos, literários], Paris, PUF, 2000.

[88] MICHÉA, J.- Claude. *Impasse Adam Smith, op. cit.* p. 63.

[89] MICHÉA, J.- Claude. *Impasse Adam Smith, op. cit.* p. 64.

absolutamente capaz de explicar por que esse pensamento resiste mesmo depois do fim das guerras de religião. O trauma teria sido demasiado duradouro? A história demonstra, todavia, que as ideias caem muito rapidamente no esquecimento, desde que desaparece o contexto que as trouxe à luz. No momento em que o liberalismo começou a verdadeiramente triunfar, no início do século XIX, havia muitas coisas bem mais presentes no espírito dos contemporâneos do que as guerras de religião. Existem duas possibilidades: seja que o liberalismo venceu por estar "em sintonia" com as "necessidades" do capital, uma vez que este se tornara a forma predominante de reprodução social, seja o papel determinante das ideias e das elites capazes de impor essas ideias pela força e pela astúcia. Essa segunda hipótese conduz, por consequência, a uma explicação do capitalismo como conspiração permanente dos grandes senhores malvados contra o povo de bem. Michéa recusa explicitamente as "teorias da conspiração", mas podemos nos perguntar se não há o risco de elas entrarem pela janela da sua concepção de história.

Pode-se aplicar ao papel das ideias — por exemplo, "o projeto de organizar cientificamente a humanidade",[90] ao qual Michéa atribui uma grande importância no que se refere ao nascimento da União Soviética — o argumento que Michéa muito corretamente opõe àqueles que atribuem um papel decisivo às invenções tecnológicas (e que não estão somente no campo marxista — basta pensar em Marshall McLuhan): inven-

---

[90] MICHÉA, J.- Claude. *L'empire du moindre mal, op. cit,* p. 67.

ções como a máquina a vapor foram feitas várias vezes na história, mas era ainda preciso que todas as outras condições — sociais e de "mentalidade" — estivessem reunidas antes que essas invenções pudessem ser adotadas e desenvolver seu potencial. Esse raciocínio também vale para as ideias: por que um pensamento que existia, ou que poderia ter existido, desde há muito, começou a jogar seu papel histórico neste momento preciso? Já Tommaso Campanella desejava ver sua "Cidade do sol" dirigida por padres-cientistas.

Finalmente, Michéa tem razão ao criticar a projeção retrospectiva das categorias econômicas modernas nas sociedades pré-capitalistas, como fez Friedrich Engels em suas últimas obras. Mas o "materialismo histórico" não somente nasceu na sociedade moderna, como também pode dizer a verdade sobre ela: foi o próprio desenvolvimento capitalista que submeteu efetivamente a totalidade da existência humana aos imperativos econômicos — diretamente ou indiretamente, com a criação de ideologias e de esferas de vida que devem garantir o funcionamento da máquina econômica. O totalitarismo da mercadoria realizou, portanto, o materialismo enunciado pelo marxismo. Essa constatação ganha todo o seu sentido quando vem à tona a consideração de que a dominação da economia capitalista não é um projeto eticamente injusto, mas racional e realizável — em verdade, esse projeto é a quintessência do irracional e da autodestruição. E aqueles que denunciam o economismo de Marx creem ter descoberto uma insuficiência da teoria de Marx quando, na verdade, fecham os olhos diante do defeito principal da realidade capitalista: seu "economismo realmente existente".

Frequentemente, joga-se toda a crítica da economia política junto com a água da bacia do "economismo". Para uma crítica que pretenda ser radical, é fundamental considerar as categorias de base da sociedade capitalista — a mercadoria, o valor, o trabalho, o dinheiro, o capital, a concorrência, o mercado, o crescimento — como só pertencentes à modernidade capitalista, ou seja, não se trata de elementos indispensáveis a toda vida em sociedade. Não basta criticar as *ideias* dominantes e crer que o sistema funciona essencialmente manipulando as consciências das pessoas. A crítica da "representação econômica do mundo"[91] é prioritária segundo Michéa — mas não se trata apenas da "representação", ou seja, da predominância da economia nas cabeças. É imperativo principalmente centrar fogo na *dominação real* da economia, que atinge igualmente aqueles que a detestam. Pode-se com frequência constatar nos ambientes "críticos" a convicção de que bastaria o capitalismo perder a aprovação de seus sujeitos[92]

---

[91] MICHÉA, J.-Claude. *Impasse Adam Smith*, op. cit, p. 53.

[92] Parece muito duvidoso que, como afirma Jean-Claude Michéa, "o sistema capitalista desenvolvido desabaria bruscamente [!] se os indivíduos não interiorizassem em massa, e a cada instante, o imaginário do crescimento ilimitado, do progresso tecnológico e do consumo como maneira de viver e como fundamento da imagem de si" ("Conversation avec Jean-Claude Michéa" [Conversa com Jean-Claude Michéa], *À contretemps* n° 31, julho 2008, p. 08; retomado em J.-Claude Michéa, *La double pensée. Retour sur la question libérale* [O pensamento duplo.

para entrar em crise. Mas a crise ecológica demonstra claramente a dissociação total entre a consciência e o que os mecanismos anônimos da concorrência nos forçam a fazer todos os dias. Esses discursos — para não falar das teorias da desconstrução, para as quais agir contra as representações é a única forma de agir pura e simplesmente, já que as representações são a única realidade — sempre acabam por nos levar à famosa frase do início da *Ideologia alemã*, em que Karl Marx e Friedrich Engels caçoam dos jovens hegelianos (verdadeiro elo que falta entre os sofistas e os pós-modernos) que acreditam que os homens se afogam por não conseguirem libertar-se da *ideia* de gravidade...

O fato de não se ancorar na crítica da economia política (mesmo que Michéa lembre que Marx fez a *crítica* da economia política) leva finalmente Michéa a negligenciar a crítica do sujeito e a crítica do trabalho. Embora descreva com brio as tristes formas da subjetividade contemporânea, principalmente em relação aos mais jovens, ele se aferra a uma simples dicotomia entre a lógica liberal do capital (na qual ele também inclui a esquerda e a extrema esquerda "realmente existentes", e aí se encontram suas análises mais fortes) de um lado, e os sujeitos, o "povo" e a "democracia"

Retorno à questão liberal], Paris, Flammarion, 2008). Com efeito, ele diz, aliás muito corretamente, que "somos globalmente livres para criticar o filme que o sistema decidiu projetar para nós [...] mas não temos estritamente nenhum direito de modificar seu roteiro" *(Ibid.* p. 10).

do outro. Aqui chegamos ao segundo ponto de nossa crítica.

Se a parte polêmica das análises de Michéa é bem convincente, as alternativas por ele propostas já são bem menos — destino partilhado, quase que necessariamente, por todos aqueles que querem indicar alguma "solução" aos males que descrevem. Ele bem sabe que sua defesa do "populismo" abre o flanco para inúmeras críticas. Mas ressaltar a "má reputação" desse conceito na atualidade, como faz Michéa, não é suficiente para demonstrar que ele é bom.

Em primeiro lugar, a afirmação de que "as virtudes humanas de base ainda estão em grande medida difundidas nas classes populares"[93] não pode senão chocar-se com um monte de observações empíricas. O fato de Michéa, seguindo George Orwell, evitar definir claramente seu conceito-chave de *"common decency"* não é suficiente para deixá-lo ao abrigo de toda crítica. A afirmação segundo a qual as "pessoas comuns" muito praticaram, e ainda praticam, em sua vida cotidiana, um mínimo de virtudes ordinárias pode até ser confirmada, mas existem exceções grandes demais para que isso venha a constituir uma regra. Onde estava a *common decency* dos alemães nos anos 1930? Dos russos na época de Stálin? Será uma resposta dizer que essas sociedade já estavam carcomidas amplamente pela lógica moderna do interesse pessoal? Mas onde estava, então, a decência dos espanhóis do século XVII?

---

[93] MICHÉA, J.-Claude. *L'empire du moindre mal, op. cit.*, p. 207.

Difícil imaginar uma sociedade mais indecente do que a descrita por Francisco de Quevedo em *El Buscón*.

É certo que nas comunidades tradicionais a decência existe efetivamente — sob forma de solidariedade, ajuda mútua, generosidade e atitudes consistindo em não prejudicar os outros —, embora amiúde seja a preocupação com a reputação que a torne possível. Poderíamos defini-la como a suspensão parcial da concorrência no interior de um grupo e como um momento em que o dom ganha papel de destaque em relação à troca mercantil. O problema é que essa decência costuma ser praticada somente *no interior* do grupo e recusada aos outros. Frequentemente, ela não se dá com os estrangeiros nem com as pessoas de passagem: com eles, não há "corrente de dons", nem possibilidade de retorno em relação ao dom. Por vezes, temos a impressão de que essa decência funciona justamente sob a condição de *não ser* universalizada, ou até de ser inversamente proporcional à sua universalidade.[94] Há grupos em que certo "calor humano", estendido segundo a ocasião aos visitantes, vem acompanhado da última maldade em relação a outros grupos. Isso constitui por vezes o encanto ambíguo dos habitantes de certos países do sul, tanto na França como na Itália, na Espanha ou nos Estados Unidos. A solidariedade e

---

[94] Sobre a questão da universalidade potencial dos movimentos indígenas e das reivindicações dos movimentos tradicionais em geral, ver Louis Bredlow, "*Notes sur la résistance, la tradition et l'indigenisme*" [Notas sobre a resistência, a tradição e o indigenismo], *Illusio* (Caen), n° 6/7, 2010, p. 257–261.

o espírito do dom no interior de um coletivo podem se transformar fora de seu meio de origem em corporativismo e finalmente em comportamento mafioso, principalmente no caso de certas minorias étnicas ou religiosas. Até os gatunos de outros tempos tinham seus códigos de honra, que também eram maneiras de ser "decentes" entre si.[95] Hoje, muitas das formas de egoísmo extremo visto em certas "comunidades" (a *Lega* xenófoba é provavelmente o único partido italiano atual nascido nos bares e fora das elites) têm por fundamento a pretensa defesa contra as pessoas "não conhecidas", com as quais não se pode consequentemente ter relações de confiança, e portanto "decentes".[96]

É lindo pensar que o processo de humanização consiste amplamente no aprofundamento, na interiorização e na universalização dessa decência inicialmente praticada em meios mais restritos (e normalmente baseados em alguma forma de transmissão por nascimento), mas não se encontram muitos exemplos disso. É verdade que essas atitudes positivas continuam a existir; a maioria das pessoas levam a cabo dia pós dia atos que, numa ótica estritamente liberal do "interesse próprio", deveriam ser julgados inúteis ou no-

---

[95] Talvez fosse mais correto dizer que a decência se encontra em toda parte e em todas as camadas sociais — mas sempre como uma exceção. É o sentido de *Noventa e três*, de Victor Hugo.

[96] Poderíamos criticar essa utilização de termos tais como "solidariedade", "calor humano" ou "dignidade" como equivalentes de *common decency*. Mas a indeterminação desejada desse termo em Jean-Claude Michéa torna inevitáveis esses resvalos.

civos. Entretanto, não constituem necessariamente uma "alternativa" à economia mercantil, visto que esta não poderia existir por muito tempo se boa parte da reprodução cotidiana não se desenrolasse sob essa forma não mercantil. Essas atividades não mercantis, mas integradas no sistema mercantil como seu suporte invisível, são passíveis de ser cooptadas na forma de "terceiro setor", de voluntariado, de serviço cívico etc., simples empresas de reparo que garantem a continuidade do todo. Percebe-se aqui o risco de os discursos bem-intencionados sobre o dom, a autogestão e a economia alternativa em nichos acabarem por só servir para que se construam formas de sobrevivência alternativas que permanecem totalmente subordinadas à perpetuação do desastre mercantil.

Em contrapartida, pode-se plenamente aprovar Michéa ao afirmar que a questão não é forjar um "homem novo" livre dos vícios e dos limites humanos, mas criar contextos em que o desejo de poder dos "Roberto Macário"[97] não possa desrecalcar-se senão em atividades inocentes.[98] Porém, o que seria preciso explicar — e combater — na vida social é menos o desejo de poder e de riqueza de alguns — que, em si, não tem nada de misterioso — e mais a passividade dos outros. Michéa se coloca a questão: por que há tão pouca oposição a um mundo tão catastrófico? Isso é culpa,

---

[97] Figura literária do século XIX, encarnação do arrivista cínico.

[98] Pode-se lembrar o fato de que, entre os ciganos, o mais "rico" costuma ser não aquele que possui mais, mas aquele que mais dá aos outros.

diz ele, da esquerda que não consegue imaginar nada além do progresso tecnológico e despreza as virtudes dos pequenos. É verdade, mas essa explicação é muito breve.

Suas afirmações sobre o papel histórico da esquerda apresentam traços comuns com as análises que os teóricos da crítica do valor propuseram sobre o movimento operário como fator *imanente* à expansão capitalista. No entanto, Michéa pretende fazer uma distinção cristalina entre "esquerda" e "movimento operário original". Para ele, a esquerda é "metafisicamente" a favor do progresso e da modernização, já que ela se concebe como herdeira da Filosofia das Luzes e como o partido da mudança. Mas, diz ele, o individualismo liberal é o único desenvolvimento coerente da Filosofia das Luzes, e a esquerda se limita a querer "regular" seus detalhes. O socialismo operário nasceu, ao contrário, segundo Michéa, como oposição à modernidade e ao individualismo absoluto, à atomização, à dissolução das comunidades. Opunha-se principalmente ao saint-simonismo, que está na origem da esquerda progressista. Foi na época do caso Dreyfus que o socialismo operário — que era mais prudoniano do que marxista — uniu-se à esquerda republicana e liberal para a qual o progresso é necessariamente emancipador; esse compromisso histórico foi repetido no momento da Frente popular. Os efeitos positivos dessa aliança estão hoje superados, segundo Michéa, e da esquerda vinda daí só sobrou a aquiescência à economia.

Para Michéa, a alternativa ao liberalismo e à esquerda se encontra nesse "socialismo original" muito louvado por ele. No entanto, não se pode esquecer o papel que o antissemitismo desempenhou em Fourier e em Proudhon. Não era apenas um "erro" devido ao "espírito do tempo". Os primeiros socialistas igualmente expressaram, ao lado de muitas coisas corretas, a convicção de que "nós" — o povo, os trabalhadores honestos, as massas — somos puros e bons, e que todo o mal provém do modo do proceder de outros sujeitos (judeus, franco-maçons), geralmente situados na esfera da circulação (comerciantes, especuladores). Assim, o próprio estatuto individual de trabalhador ficava fora de questionamento e constituía, em vez disso, a base da *decency*. Pediam-se simplesmente condições mais "decentes" para seu trabalho.

Hoje, diga o que disser Michéa, existe verdadeiramente um populismo de extrema esquerda cujo anticapitalismo se reduz às invectivas contra as "fortunas indecentes" dos diretores de empresas e à defesa dos "trabalhadores honestos" contra o capital financeiro e os ganhos sem trabalho. Esse populismo de esquerda pode vir a se desrecalcar numa caça aos "especuladores", o que só ajudaria a reforçar o "sujeito autômato" do sistema. Durante a crise financeira de 2008, os pródromos disso já vieram à tona: todo mundo, à direita e à esquerda, estava de acordo para imputar a culpa aos banqueiros malvados, e não ao capitalismo enquanto tal. Mas é possível que esse populismo também se limite, mais inocentemente, a pedir — em vão — um "capitalismo com um rosto humano": uma sociedade mercantil um pouco mais decente em que se proíbam certos excessos. Condenar, como faz Michéa, as riquezas "indecentes" já pressupõe a aceitação das riquezas mercantis "decentes", as quais só podem existir desenvolvendo-se até a indecência. Mesmo os políticos de direita e de esquerda condenam agora as "indenizações indecentes" dos *top managers* — o que implica, entretanto, estar de acordo com os "paraquedas dourados" um pouco mais decentes.[99] Aqui, Michéa, como aliás Christopher Lasch, parece crer na possibilidade de que o capitalismo se autoimponha limites. Sua citação do escritor anarquista americano Paul Goodman é altamente significativa: em que mudança social ele está pensando, se ela só tiver por consequência que as pessoas possam simplesmente "voltar a suas profissões, seus esportes e suas amizades",[100] portanto, às mesmas atividades inúteis e destruidoras de antes?

Na verdade, diante da atual deterioração geral das condições de vida, poderíamos sustentar que a simples defesa ou conservação dos modos de vida que eram comuns há cinquenta anos, embora não sustentassem uma sociedade harmoniosa, já passaria por "mal menor" (paradoxalmente!). Mas essa modéstia quanto aos objetivos é "realista"? Seria possível retornar a

---

[99] É quase cômico que Jean-Claude Michéa, ao querer dar um exemplo de "indecência", fale de um restaurante de luxo para cães e gatos. Por bondade, até Nicolas Sarkozy estaria provavelmente de acordo para dizer que isso já é demais.

[100] MICHÉA, J.-Claude. *L'empire du moindre mal, op. cit.*, p. 162.

etapas "menos indecentes" do capitalismo — e não seria esse o programa dos altermundialistas ou de Pierre Bourdieu, contra os quais Michéa polemiza com muita justeza? Mas, se passamos do compromisso "fordista-keynesiano" do pós-guerra ao atual "turbocapitalismo", não é somente por causa da sede de lucros "indecentes" dos patrões, mas essencialmente por causa do dinamismo do valor capitalista que nunca pode nem pensar em parar num dado nível de desenvolvimento.

Entre as páginas mais notáveis de Michéa, é preciso considerar aquelas dedicadas ao papel da "sedução" e do culto à "transgressão", que se tornaram centrais para a dominação contemporânea. Todavia, aqui também teria sido útil uma reflexão mais aprofundada sobre as categorias de base do capitalismo: ela teria permitido compreender que o capitalismo não é livre para continuar indefinidamente sob a forma de uma *affluent society*. A perda de fôlego da acumulação do capital em escala global — inevitável num regime de concorrência — cria um contexto de crise em que as recompensas são cada vez mais acompanhadas do velho porrete. Não se pode identificar o capitalismo nem somente com o Estado, nem somente com o mercado, nem somente com o partido da Ordem, nem somente com a transgressão. Ele é sempre a unidade dialética dos dois. Michéa bem sabe que hoje o capitalismo não está triunfando e que, pelo contrário, mina suas próprias bases. Mas, a exemplo de muitos outros comentadores, para ele o que está acontecendo com o sistema é essencialmente uma crise de legitimação, e não uma implosão progressiva das bases de acumulação do valor. A "sedução" é sobretudo o negócio da concorrência entre empresas capitalistas que disputam entre si o dinheiro dos consumidores. Mas o sistema enquanto tal não funciona por contar com a aprovação dos seus sujeitos, mas porque torna impossível toda alternativa. Portanto, é errôneo pensar que sua preocupação principal consiste no esforço de sentir-se adorado e esconder sua verdadeira natureza. Todo mundo sabe que é a sociedade industrial que fura a camada de ozônio, mas essa mesma sociedade industrial se impôs como única forma possível de existência, e sair dela não se mostra nem mais imaginável, a não ser sob a forma de uma catástrofe definitiva.

O velho autoritarismo, do mesmo modo que certas formas de poder que pareciam já sentir o peso da idade nas costas, mantém um papel muito maior do que pensam Jean-Claude Michéa ou Dany-Robert Dufour. A Itália é um dos centros do capitalismo mundial, mas a Igreja católica não trava somente batalhas de retaguarda. Em 2007, ela foi responsável por fazer com que dois milhões de pessoas fossem às ruas para protestar contra o simples projeto de instaurar na Itália o equivalente do "Pacs"[101] francês (apenas para os casais heterossexuais), projeto imediatamente retirado pelo governo Prodi. Aqui, como em qualquer parte, a crítica "radical" se engana ao pensar que a esquerda

---

[101] Trata-se de um contrato de união estável. Pacto de solidariedade civil [N.d.T.]

é necessariamente a solução mais conveniente ao capital por ser capaz de garantir maior adesão. Como explicar, então, o retorno da direita das mais agressivas e por vezes das mais "reacionárias" na maior parte dos países ocidentais, se a esquerda estava em melhor consonância com o capital?

Da mesma forma, o sistema não canta somente os louvores hipócritas da família para fazer uma concessão aos "valores do povo", como pensa Michéa:[102] a família, mesmo sendo uma estrutura pré-moderna e constituindo um obstáculo à flexibilidade total dos trabalhadores, não é somente um aspecto arcaico que sobreviveu. Ela forma igualmente o elemento mais importante do "lado obscuro" da lógica mercantil, que compreende as atividades que não entram diretamente na produção de valor e que não são imediatamente "rentáveis", embora a produção rentável não pudesse existir sem elas. Nem o capitalismo mais pós-moderno poderá prescindir da família.

É verdade que a palavra "conservador" ganhou um sentido diferente do que era no passado, e que a questão importante com frequência é defender — conservar — as condições mínimas de uma vida humana. Mas nesse empreendimento não se poderá contar com aqueles que, no linguajar político, são chamados de "conservadores". Não existem, pelo menos não mais, conservadores "esclarecidos", ou minimamente coerentes com seus próprios princípios declarados. O pouco de resistência à cretinização ainda possível de

---

[102] MICHÉA, J.- Claude. *L'empire du moindre mal, op. cit.*, p 113.

se encontrar está principalmente nas pessoas ditas "de esquerda". Um exemplo é essa medida primária em matéria de decência que significa não deixar suas crianças diante da televisão ou do *Playstation*.

Onde encontrar energias humanas que possam tirar-nos do impasse Adam Smith? As observações de Jean-Claude Michéa sobre o papel negativo do ressentimento são muito corretas. Mas se somente as pessoas psicologicamente sãs puderem fazer a revolução ou operar uma mudança salutar,[103] a sorte nos terá deixado numa posição muito desfavorável, e o capitalismo terá encontrado um meio infalível para se eternizar. Com efeito, é ele que cria a cada momento a mentalidade que torna tão difícil toda e qualquer saída.

---

[103] MICHÉA, J.-Claude. *L'empire du moindre mal, op. cit.*, p. 190.

Decrescentes, só mais um esforço...!

O discurso do "decrescimento" é uma das raras proposições teóricas de certa forma novas que apareceram nas últimas décadas. O público atualmente sensível ao discurso do "decrescimento" ainda é bem restrito, embora esteja incontestavelmente crescendo. Isso traduz uma tomada de consciência em face da evidência de que o desenvolvimento do capitalismo nos conduz a uma catástrofe ecológica, ou seja, não são alguns filtros despoluentes a mais, ou carros mais "limpos" que vão resolver o problema. Difunde-se a desconfiança diante da ideia de que um crescimento econômico perpétuo seja algo sempre desejável. Ao mesmo tempo, cresce a insatisfação em relação às críticas do capitalismo centradas essencialmente na distribuição injusta dos frutos, ou somente nos seus "excessos", como guerras e violações dos "direitos humanos". A atenção dada ao conceito de decrescimento traduz a impressão crescente de que é o rumo todo da viagem empreendida por nossa sociedade que não é de bom presságio — pelo menos a partir de algumas décadas — e de que nos encontramos diante de uma "crise de civilização" englobando todos os valores, até mesmo no nível da vida cotidiana (culto do consumo, da velocidade, da tecnologia etc.). Entramos numa crise que é ao mesmo tempo econômica, ecológica e energética, e o decrescimento leva em consideração todos esses fatores, em sua interação, em vez de querer "retomar o crescimento" com "tecnologias verdes", como faz uma parte do ecologismo, ou propor uma simples gestão diferente da sociedade industrial, como faz uma parte das críticas oriundas do marxismo.

O decrescimento também agrada porque propõe modelos de comportamento individuais que podem começar a ser praticados desde já, e também porque ele parte da redescoberta de virtudes essenciais, como a convivialidade, a generosidade, a simplicidade voluntária e o dom. Mas um dos fatores que faz essa concepção ser tão atraente é seu ar de gentileza que permite acreditar ser possível uma mudança radical com um consenso geral sem passar por antagonismos e fortes afrontamentos. Trata-se, logo, de um reformismo com pretensões radicais.

O pensamento do decrescimento tem, sem dúvida, o mérito de querer verdadeiramente romper com o produtivismo e a economia que por longo tempo constituíram a base comum da sociedade burguesa *e* de sua crítica marxista. Em princípio, uma crítica profunda do modo de vida capitalista parece mais presente nos decrescentes do que, por exemplo, nos defensores do neo-operaísmo que continuam a crer no desenvolvimento das forças produtivas (sob a forma da informática em especial) como alavanca para a emancipação social. Os decrescentes também tentam descobrir elementos de uma sociedade melhor na vida de hoje, elementos frequentemente deixados como herança pelas sociedades pré-capitalistas, a exemplo da disponibilidade para praticar o dom. Dessa forma, não correm o risco de apostar — como fazem alguns — na busca da decomposição de todas as formas tradicionais de vida e na barbárie encarada como pretensa preparação a um renascimento miraculoso.

O problema é que os teóricos do decrescimento ficam num terreno vago no que concerne às *causas* da corrida ao crescimento. Em sua crítica da economia política, Marx demonstrou que a substituição da força de trabalho humana pelo emprego da tecnologia diminui o "valor" representado em cada mercadoria, o que empurra o capitalismo a aumentar permanentemente a produção. Nesse mecanismo, encontramos a dupla natureza de nossa "velha inimiga", a mercadoria: o valor e o valor de uso, produzidos respectivamente pelo lado abstrato do trabalho e por seu lado concreto. Esse dois lados não coexistem pacificamente. Pelo contrário, eles entram em contradição violenta. Tomemos (como faz o próprio Marx) o exemplo de um alfaiate de antes da Revolução Industrial. Para se fazer uma camisa, e para a produção das matérias que utiliza, era necessária talvez uma hora. Logo, o "valor" de sua camisa era de uma hora. Uma vez introduzidas as máquinas para produzir o tecido e costurar, torna-se possível produzir dez camisas em uma hora, no lugar de uma só. Aquele que possui essas máquinas, operadas por simples operários, poderá colocar no mercado as camisas assim produzidas por um preço muito mais baixo do que o alfaiate. Com efeito, no momento em que uma máquina permite confeccionar dez camisas numa hora, cada camisa não representa mais do que um décimo de uma hora de trabalho, portanto, seis minutos. Seu valor e sua expressão monetária baixam enormemente no fim das contas. O proprietário de capital tem todo o interesse em que o operário produza o máximo possível na hora de trabalho pela qual é pago. Se ele fizer com que o operário trabalhe com uma máquina, como no exemplo citado acima, este produzirá muito mais camisas e criará, assim, um lucro mais elevado para seu patrão. Todo o capitalismo foi sempre caracterizado pela invenção contínua de novas tecnologias cujo objetivo é sempre economizar força de trabalho, isto é, produzir mais mercadorias com menos força de trabalho. Mas num regime em que o valor é dado pelo trabalho, pelo "dispêndio de músculos, nervos e cérebro" (Marx), isso traz um problema: o valor de cada mercadoria cai. Em consequência, o sobrevalor e, finalmente, o lucro possível de ser obtido com a mercadoria em questão também caem. Está é uma contradição central que tem acompanhado o capitalismo desde o início, sem que ele nunca tenha podido resolvê-la. O capitalismo não é uma sociedade organizada, ele se baseia na concorrência permanente, em que cada operador econômico apenas age por sua própria conta. Cada proprietário de capital que introduz uma nova máquina realiza um lucro maior do que seus concorrentes ao obterem mais mercadorias de seus operários. Assim, é inevitável que toda invenção nova que economiza trabalho seja efetivamente aplicada. O proprietário de capital que lança mão da invenção realiza num primeiro momento um lucro extra. Mas não vai demorar para que os outros capitalistas o imitem e um novo nível de produtividade mais elevado venha a se estabelecer. Logo, esse lucro extra desaparece até que venha uma próxima invenção. Isso quer dizer que, se uma camisa não "contém" mais uma hora de trabalho, mas somente seis minutos, o lucro produzido por essa camisa também vai diminuir. Suponhamos uma taxa de mais-trabalho, portanto, de lucro de 10%.[104] Uma camisa para cuja produção é necessária uma hora contém seis minutos de mais-trabalho e um lucro equivalente em termos monetários; mas, se somente seis minutos são necessários para produzir uma camisa, esta só contém 36 segundos de mais-trabalho, a fonte do lucro. O capitalista que introduz uma tecnologia substituindo o trabalho vivo realiza de imediato um lucro para si mesmo, mas contribui involuntariamente

---

[104] Nesse exemplo, fazemos abstração da diferença entre sobrevalor e lucro.

à baixa da taxa de lucro geral. A mesma lógica capitalista que empurra para a utilização das tecnologias acaba por serrar o galho sobre o qual todo o sistema está sentado.

Se não houvesse outros fatores em jogo, o modo de produção capitalista não teria durado por muito tempo. Mas existem mecanismos de compensação. O mais importante deles é o aumento contínuo da produção. Se, no exemplo dado, cada camisa particular não contém mais do que um décimo do lucro antes obtido a partir da camisa confeccionada pelo alfaiate, basta produzir não somente dez camisas em lugar de uma, mas doze para que que a diminuição do lucro não apenas seja compensada, mas até sobrecompensada. Toda a história do capitalismo foi marcada por um aumento contínuo da produção de mercadorias, de maneira que a diminuição do lucro contido em cada mercadoria singular foi mais do que compensada pelo aumento global da *massa* de mercadorias. Assim, doze camisas contendo uma dose mínima de lucro cada são mais lucrativas do que *uma* camisa que contém muito lucro. Isso explica igualmente a busca eterna de setores sempre novos de valorização. O caso que mais salta aos olhos é o da indústria automobilística: algo que no início era produto de luxo tornou-se de uso corrente depois da Segunda Guerra Mundial, abrindo um campo enorme para novos lucros. No entanto, somente a duras penas esse procedimento conseguia contrabalançar a tendência endêmica da produção não somente à diminuição da taxa de lucro (somente sob esta forma reduzida o problema foi discutido pelos marxistas tradicionais), mas também da *massa de valor* enquanto tal.

É nessa lógica que se encontra a causa profunda da crise ecológica, que o discurso ecologista quase sempre tenta explicar como a consequência de uma atitude humana errada em relação à natureza, uma espécie de avidez ou rapacidade do ser humano enquanto tal. Quando não, a ecologia é apresentada como um problema passível de ser resolvido no interior do capitalismo, com o "capitalismo verde". Fala-se, então, da criação de postos de trabalho no setor ecológico, de uma indústria mais limpa, de energias renováveis, de filtros despoluentes, de créditos-carbono... Na verdade, é muito raro ver alguma reflexão que coloque a própria crise ecológica como profundamente ligada à lógica mesma do capitalismo. A razão é sempre a que acabamos de citar: se dez camisas produzidas pela indústria contêm somente o mesmo lucro de uma camisa artesanal, então, é preciso produzir (ao menos) dez. As dez camisas industriais representam muito mais matéria, mas todas em conjunto não possuem nada mais do que o mesmo valor de uma camisa artesanal — e continua sendo necessária uma hora para produzi-las. Num regime capitalista, é preciso produzir e em seguida vender dez camisas — isto é, consumir dez vezes mais recursos para obter finalmente a mesma quantidade de valor, portanto, de dinheiro.

Há duzentos anos, o capitalismo evita o seu fim sempre correndo um pouco mais rápido do que sua tendência ao desmoronamento, graças a um aumento contínuo da produção. Mesmo quando o valor não aumenta — na verdade, ele diminui — o consumo dos recursos, a poluição e a destruição não deixam de aumentar. O capitalismo é como um bruxo que se sente forçado a jogar o mundo concreto como um todo no grande caldeirão da mercantilização para evitar que tudo pare. A crise ecológica não pode encontrar solução no quadro do sistema capitalista que precisa crescer sem parar e consumir cada vez mais matéria só para poder se opor à diminuição de sua massa de valor. É por isso que as propostas de um "desenvolvimento sustentável" ou de um "capitalismo verde" não podem ter bom resultado: elas pressupõem que o bicho capitalista pode ser domesticado, ou seja, que o capitalismo tem nas mãos a escolha de parar seu crescimento e permanecer estável, limitando os danos que produz. Não existe esperança mais vã: enquanto o processo de substituição da força de trabalho pelas tecnologias continuar — sem esquecer que o valor de um produto reside no trabalho representado por ele — haverá a necessidade de desenvolver a produção em termos materiais, ou seja, utilizar mais recursos e poluir numa escala sempre maior. Pode-se desejar outra forma de sociedade — mas não um tipo de capitalismo diferente do "capitalismo realmente existente".

São as categorias de base do capitalismo — trabalho abstrato, valor, mercadoria e dinheiro, que não pertencem em absoluto a *todo e qualquer* modo de produção, mas somente ao capitalismo — que engendram seu dinamismo cego. Para além de um limite *externo*, constituído pelo esgotamento dos recursos, o sistema capitalista contém desde o início um limite *interno*: ter que reduzir — por causa da concorrência — o trabalho vivo que constitui ao mesmo tempo a única fonte de valor. Desde há algumas décadas, esse limite parece ter sido atingido, levando a produção de valor "real" a ser substituída em grande medida por uma simulação na esfera financeira. Aliás, o limite externo e o interno começaram a aparecer no mesmo momento: por volta de 1970. Se o capitalismo não pode existir senão como fuga para frente e como crescimento material perpétuo para compensar a diminuição do valor, um verdadeiro "decrescimento" só será possível às custas de uma ruptura total com a produção de mercadorias e de dinheiro.

Os "decrescentes" em geral recuam diante dessa consequência que lhes pode parecer por demais "utópica". Alguns se aliaram em torno do slogan "Sair da economia". Mas a maioria permanece no âmbito de uma "ciência econômica alternativa" e parece crer que a tirania do crescimento não passa de uma espécie de mal-entendido no qual se poderia enfiar uma cunha por força de colóquios científicos preocupados em discutir a melhor forma de calcular o Produto Interno Bruto. Muitos decrescentes caem na armadilha da política tradicional, querem participar das eleições ou pedir a políticos que assinem pactos. Por vezes, o decrescimento se torna até um discurso meio *snob*, em que burgueses tranquilizam seu sentimento de culpa aproveitando ostensivamente os legumes jogados no fim das feiras. É preciso também se interrogar sobre a causa do interesse que uma certa "Nova Direita" tem demonstrado pelo decrescimento, bem como sobre o risco de se cair numa apologia unilateral das sociedades "tradicionais" do sul do mundo.

Há certa ingenuidade em crer que o decrescimento poderia tornar-se a política oficial da Comissão europeia, ou alguma coisa do tipo. Um "capitalismo decrescente" seria uma contradição em termos, tão impossível quanto um "capitalismo ecológico". Se o decrescimento não quiser somente acompanhar e justificar o empobrecimento "crescente" da sociedade — e esse risco é real: uma retórica da frugalidade poderia muito bem servir para dourar a pílula aos novos pobres e transformar o que é uma imposição, viver das coisas encontradas no lixo, numa aparente escolha — terá que se preparar para embates e antagonismos. Mas esses antagonismos não coincidirão mais com as antigas linhas fronteiriças constituídas pela "luta de classes". A necessária superação do paradigma produtivista — e dos modos de vida a ele ligados — encontrará resistências em todos os setores sociais. Em essência, uma parte das "lutas sociais" atuais no mundo se caracteriza pela luta pelo acesso à riqueza capitalista, sem colocar em questão o caráter dessa pretensa riqueza. Um operário chinês ou indiano tem boas razões para pedir um salário melhor, mas se obtiver, vai provavelmente comprar um carro e, assim, contribuir ao "crescimento" e a suas consequências nefastas no plano ecológico e social. É preciso esperar que as lutas levadas a cabo para melhorar o estatuto dos explorados e dos oprimidos se aproximem dos esforços para superar um modelo social baseado no consumo individual desmedido. Talvez certos movimentos de camponeses no hemisfério sul já estejam indo nessa direção, principalmente recuperando certos elementos das sociedades tradicionais, como a propriedade coletiva da terra ou a existência de formas de reconhecimento do indivíduo que não estejam ligadas à performance no mercado.

De uma utopia a outra

Há vinte anos, os Trens de Grande Velocidade (TGV) começaram a estender sua rede ferroviária no território francês. Fora do coro de aprovação organizado ou espontâneo levantaram-se algumas vozes contrárias: pequenos grupos que expressavam suas queixas contra o que chamavam "despotismo da velocidade".[105] Não formulavam objeções em detalhe, atacavam com verve toda a sociedade que produziu a possibilidade, segundo eles aberrante e inútil, de atravessar a França inteira em algumas horas. Para fazer um tal julgamento global, e globalmente negativo, sobre o modo de vida que encontrou sua expressão no trem-bala, é preciso evidentemente estar convencido de que um modo de

---

[105] Ver *Relevé provisoire de nos griefs contre le despotisme de la vitesse à l'occasion de l'extension des lignes de* TGV [Levantamento provisório de nossas queixas contra o despotismo da velocidade por ocasião da extensão das linhas de TGV] (1991), brochura reeditada em 1998 pelas *Éditions de L'Encyclopédie des Nuisances*, (Paris)

vida muito diferente é possível. E quem evoca uma tal possibilidade se vê geralmente ridicularizado com o predicado de "utopista", palavra que remete imediatamente aos "socialistas utópicos", cujo nome mais conhecido ainda é o de Charles Fourier.

Esse panfleto contra o TGV encontrou, nesse momento, uma réplica num outro texto escrito por pessoas que também tinham pretensões bastante críticas com relação à sociedade atual em nome de uma concepção diferente do viver em comum. E essa concepção reivindicava, dessa vez abertamente, o pensamento utópico, e o de Fourier em particular. Eles defendiam o TGV vendo nele a realização de uma das previsões de Fourier sobre o futuro glorioso da humanidade "harmoniosa": leões enormes e dóceis — os "antileões", anunciara Fourier — transportariam os viajantes de lado a outro da França em algumas horas, e até mesmo de Montmartre a Esmirna em 36 horas.

Esses utopistas contemporâneos não chegaram ao ponto de utilizar o antileão como justificativa para a manipulação genética ou o ciborgue, e também não evocaram a transformação do mar em limonada, também prevista por Fourier. Essa polêmica entre duas abordagens (que talvez não reconheçam uma na outra qualquer ponto comum) demonstra pelo menos que a "utopia" nem sempre está do lado da crítica total da ordem estabelecida; ela também pode, em vez disso, servir à defesa de alguns de seus aspectos.

Habitualmente, a "utopia" evoca a ideia de uma sociedade radicalmente diferente da que existe, e claramente melhor — o que já implica que a sociedade existente não é boa. Como se sabe, Marx e Engels pensavam ter superado o "utopismo" como um estágio infantil do pensamento socialista e tê-lo substituído por uma concepção "científica". Desde o naufrágio do marxismo tradicional, costumamos assistir ao retorno, nas últimas décadas, de uma referência positiva à "utopia" na esquerda, visível, por exemplo, no *Dictionnaire des utopies* publicado em 2002.[106] Mas, em geral, a utopia goza de má reputação, servindo, tanto na linguagem cotidiana quanto nas discussões de grande público, principalmente para desqualificar um adversário. No melhor dos casos, equivale a "sonhar com coisas talvez simpáticas, mas impossíveis", a "ser ingênuo, não ter sentido de realidade". Com frequência, vai-se mais longe na recusa, afirmando que o pensamento utópico conduz diretamente ao terror. Quem imagina uma forma de existência coletiva radicalmente diferente seria em seguida levado a tentar impô-la de forma violenta até mesmo àqueles que não a desejam, e a resistência que os homens e a própria realidade poderiam opor àqueles que creem poder remodelá-los por inteiro provocaria uma escalada do terror. Assim, os crimes stalinistas e maoístas teriam sido causados essencialmente na tentativa de realizar utopias.

Nessa perspectiva, a "utopia" se vê habitualmente qualificada como "abstrata": construções puramente

---

[106] SARCEY, M. Riot- (dir.). *Dicionário das utopias*. Lisboa: Texto & Grafia, 2002.

cerebrais, filosofias concebidas no vazio por pessoas que têm talvez muito senso lógico, mas muito pouca experiência concreta a respeito dos homens reais e de como anda o mundo. Assim, é característica da utopia não levar em conta a natureza real do homem e a pretensão de melhorá-lo a partir de uma ideia preconcebida daquilo que ele *deve* ser. O utopista acredita saber melhor do que os próprios homens o que é bom para eles. Sonhando em sua mansarda (como Fourier) ou em sua prisão (como Tommaso de Campanella, autor da *Cidade do sol*), o utopista é inocente, mas tão logo circunstâncias particulares permitam, tentará remodelar a realidade de acordo com suas ideias abstratas, e a tragédia se torna inevitável. A violência, portanto, já seria imanente à própria teoria utopista e a seu desdém pelos homens reais e por seu defeitos; os esforços sangrentos para transpor essa teoria na realidade apenas traduziriam em ato a violência inerente à visão utópica. Essa rejeição pela utopia pressupõe uma antropologia que se considera desencantada, até pessimista, mas rigorosamente realista. Ela encontra seu resumo na frase de Immanuel Kant, "de um pau tão torto como aquele de que o homem foi feito não se pode esculpir nada de completamente reto", que o pensador liberal inglês Isaiah Berlin escolheu como título de uma de suas obras.[107] Outros liberais, sobretudo ingleses, encontraram a origem do totalitarismo

---

[107] BERLIN, Isaiah. "O pau torto da humanidade". In: *Estudos sobre a humanidade*. Tradução de Rosaura Eichenberg. São Paulo: Cia das Letras, 2002.

utópico em Platão (Karl Popper)[108] ou nos milenaristas medievais (Norman Cohn).[109] É mesmo disso que se trata: a utopia seria *totalitária* em seus próprios princípios. Pela lógica, ela desembocaria na proclamação dos revolucionários russos — "Nós forçaremos os homens a serem felizes" e a empreenderem a tentativa de criar o "homem novo", o que produziu um dos maiores infortúnios da história. Também as artes de vanguarda participariam do mesmo totalitarismo nascido da crença de que tinha chegado a hora de refazer o mundo: é o que afirmam Jean Clair[110] e Boris Groys.[111] Para este último, as vanguardas russas, longe de serem vítimas de Stálin, prefiguraram a tendência revolucionária que considera o mundo como uma massa de modelar, como uma obra de arte inteiramente nova concebida para além de toda tradição, de todo senso de limite, de todo senso comum.

Assim, esse pensamento antiutópico surge como defensor da complexidade e da ambiguidade constitutivas da existência humana, contra as abstrações da razão e os delírios de uma imaginação desenfreada. Eles querem proteger a "natureza humana", imutável

---

[108] POPPER, Karl. *A sociedade aberta e seus inimigos*. Itatiaia–Edusp, 1974.

[109] COHN, Norman. *Na senda do milênio: milenaristas revolucionários e anarquistas místicos da Idade Média*. Lisboa: Presença, 1981.

[110] J. Clair, *La responsabilité de l'artiste. Les avant-gardes entre terreur et raison* [A responsabilidade do artista. As vanguardas entre terror e razão]. Paris: Gallimard, 1997.

[111] B. Groys, *Staline, œuvre d'art totale* [Stálin, obra de arte total] (1988), Jacqueline Chambon 1990.

ou pelo menos refratária a toda e qualquer mudança rápida, contra aqueles que se propõem a reeducá-la e corrigi-la.

É próprio dessa polêmica acomodar efetivamente algumas marcas do totalitarismo estatal que tão duramente pesou sobre o século XX, mas também o fato de ela poder ser aplicada — contra suas intenções — à ordem social que defende: a democracia liberal e a economia de mercado. O pensamento antiutópico se coloca como baluarte do homem tal como ele é efetivamente, com todos os seus limites, contra aqueles que querem forçá-lo a ser outro. Entretanto, se existe uma utopia realmente realizada nos dois últimos séculos, é de fato a capitalista. O capitalismo "liberal" sempre se apresentou como "natural": ele realizaria as aspirações eternas do homem, que visaria sempre e por toda parte a seu bem individual. O homem seria fundamentalmente egoísta, mas o concurso dos egoísmos, quando não atrapalhado, produz finalmente a harmonia da "mão invisível", é o que se repete desde Bernard de Mandeville e Adam Smith no século XVIII. O capitalismo não faria outra coisa senão seguir a propensão inata de todos os homens a "maximizar" seu lucro e seu prazer; seria, portanto, a única sociedade a não causar violência à natureza humana em nome de um princípio superior.

Mas se for assim, por que o capitalismo teve que quase sempre ser imposto à força a populações recalcitrantes? Quer sejam os camponeses e artesãos ingleses, tornados os primeiros proletários de fábrica no século

XVIII, ou os índios de hoje: os homens recusaram com bastante frequência as benfeitorias do "progresso". Para ser a ordem socioeconômica mais próxima da natureza humana, como ele próprio afirma, o capitalismo teve que batalhar de modo feroz para convencer os homens a seguirem sua própria "natureza". E toda a sua história é cheia de lamentos que descrevem o caráter "conservador" das populações que ele queria converter a suas benfeitorias, o arraigamento dessas pessoas a suas tradições e a pouca vontade que nutriam de mudar de modo de vida. As camadas populares na Europa e os povos extraeuropeus defenderam modos de vida comunitários com seus ritmos de vida naturais e lentos, com a solidariedade e a "rede de dons", com códigos de honra e buscas de prestígio social, em vez de qualquer riqueza abstrata, com uma "moral economy" (Edward Thompson) e uma "*commom decency*" (Georges Orwell). Naturalmente, esses modos de vida não estavam de modo algum isentos de injustiça e de violência. Mas quase nunca os homens os abandonaram por livre vontade para abraçar esse modo de vida tão "natural", fundado exclusivamente na busca do ganho individual — que é o único valor que existe realmente na sociedade capitalista. Para além das rebeliões abertas, há infinitos atos cotidianos que dão o testemunho da resistência, frequentemente muda, que quase todos os homens, num momento ou em outro de seu dia, opõem à utopia *invivível* de uma sociedade inteiramente capitalista. Marcel Mauss foi um dos primeiros a analisar esse fenômeno no *Ensaio sobre o dom* (1924), seguido até agora de inúmeros estudos. A partir de suas primeiras formulações teóricas em torno do final do século XVII, o capitalismo se baseia efetivamente numa certa visão do homem, sobre uma antropologia de um tipo particular: o *homo œconomicus*. Mas essa visão não era de modo algum natural no início e só começou a parecê-lo depois de ter sido inculcada nos homens pela violência e pela sedução durante séculos. O *homo œconomicus* é a maior utopia já realizada na história, cuja extensão e duração geográfica superam de longe as das utopias estatais mortíferas, que a utopia do mercado denuncia. Quem quiser criticar o presente medíocre em que vivemos não precisa aferrar-se a "utopias": bastaria, para começar, denunciar a "utopia negra" de um mundo inteiramente submetido à razão econômica, que nos domina há mais de duzentos anos. Talvez seja uma "utopia ingênua" crer que a humanidade possa viver sem a propriedade privada e as hierarquias, a dominação e a exploração; é seguramente uma utopia terrível crer que a vida possa continuar a se basear sempre no dinheiro e na mercadoria, no vender e no comprar, quando as consequências disso já estão debaixo dos nossos narizes.

Pars ludens

O gato, o rato, a cultura e a economia

Entre as fábulas dos irmãos Grimm, uma se chama "Gato e rato associados". Um gato convence um rato de que nutre grande amizade por ele; dividem o mesmo lar e, prevendo o inverno, compram um pote de banha, que escondem numa igreja. Entretanto, sob o pretexto de um batizado, o gato sai várias vezes e come pouco a pouco toda a banha. A cada vez que volta à casa, ele se diverte dando respostas ambíguas ao rato sobre o que tem feito. Quando vão, enfim, juntos à igreja para comer a banha, o rato descobre a enganação; o gato, como única resposta, come o rato. A última frase da fábula enuncia a moral: "Pois bem, assim caminha o mundo". A relação entre a cultura e a economia corre o forte risco de assemelhar-se a essa fábula, e não é difícil imaginar quem, entre a cultura e a economia, desempenha o papel do gato e quem desempenha o do rato — *a fortiori* hoje, época do capitalismo plenamente desenvolvido, globalizado e neoliberal. Qual é o lugar da cultura numa sociedade de mercado onde tudo é submetido à oferta e à procura, à concorrência e à vontade de comprar? É uma questão de caráter geral que se torna concreta, por exemplo, quando se trata de saber quem deve financiar as instituições culturais e que expectativas de qual público se pretende que estas satisfaçam. Para tentar chegar a algumas respostas, convém partir de um pouco mais longe — e até de muito mais longe.

Ao lado da produção de bens e serviços por meio da qual uma sociedade tenta satisfazer as necessidades vitais e corporais de seus membros, essa mesma sociedade cria igualmente numerosas construções simbólicas. Nestas, a sociedade elabora sua representação de si mesma e do mundo no qual se encontra inserida e propõe, ou impõe a seus membros, identidades e modos de comportamento. A produção de sentido pode, segundo as circunstâncias, desempenhar um papel tão grande — senão maior — quanto o da satisfação das necessidades primárias. A religião e a mitologia, os usos e as formas de vida cotidianos, — sobretudo aqueles relativos à família e à reprodução —, e aquilo que a partir do Renascimento se chama de "arte" fazem parte dessa categoria do simbólico. Sob muitos aspectos, esses diferentes códigos simbólicos não estavam separados entre si nas sociedades antigas: basta pensar no caráter amplamente religioso de quase toda a arte ao longo de sua história. O que em todo caso não existia era a separação entre uma esfera econômica e uma esfera simbólica e cultural. Um objeto podia satisfazer uma necessidade primária e ao mesmo tempo ter um aspecto estético.[112] A sociedade capitalista e industrial foi a primeira na história a separar o "trabalho" das outras atividades, e a fazer do trabalho e de seus produtos, sob o nome de "economia", o centro soberano da vida social. Paralelamente, o lado cultural e estético, que nas sociedades pré-industriais podia estar misturado a todos os aspectos da vida, concentra-se numa esfera distinta. Essa esfera não está *a priori* submetida às leis que caracterizam a esfera econômica; ela pode permitir-se ser "inútil" e não contribuir para o aumento do poder e da riqueza daqueles que a criam e daqueles que a "consomem". Assim, nela podem por vezes surgir verdades críticas, que são normalmente reprimidas ou recalcadas e que dizem respeito à vida social e sua submissão às condições cada vez mais coercitivas criadas pela concorrência econômica. No entanto, a cultura paga um preço muito elevado por tal liberdade: esse preço é sua marginalização, sua redução a um "jogo" que, não fazendo parte do ciclo de trabalho e de acumulação do capital, permanece sempre numa posição subordinada à esfera econômica e àqueles que a governam. Essa "autonomia da arte" atingiu seu apogeu no

---

[112] Em Bali, ilha conhecida por sua profusão de objetos de madeira de toda sorte, os habitantes tiveram muita dificuldade em compreender um etnólogo do início do século XX que queria informar-se sobre sua "arte". Eles lhe responderam finalmente: "Nós não temos arte. Tentamos fazer tudo da melhor forma possível".

século XIX. É preciso dizer que, mesmo nessa época, a arte não era outra coisa senão um jardim protegido, ou um *Hyde Park Speakers' Corne*, em que é possível expressar-se livremente sob a condição de que isso não traga consequências — uma simples válvula de escape. Era o aparecimento da *ideia* de algo diferente, mas nunca sua realização.

Porém, nem mesmo essa autonomia limitada pôde resistir à dinâmica do capitalismo que quer tudo absorver e nada deixar fora de sua lógica de valorização. Primeiramente, as obras de arte autônomas — os quadros das vanguardas históricas, por exemplo — entraram no mercado para nele se tornarem mercadorias como as outras. Em seguida, a própria produção de "bens culturais" foi mercantilizada, ou seja, desde o início, o que se visa é apenas o lucro, mais do que qualquer qualidade artística intrínseca às obras. É o estágio da "indústria cultural", descrita inicialmente pelos filósofos alemães Theodor Adorno, Max Horkheimer, Herbert Marcuse e Günther Anders por volta de 1940, época em que viviam nos Estados Unidos.[113] Em seguida, numa etapa posterior do mesmo desenvolvimento, teve lugar uma espécie de reintegração perversa da cultura na vida, mas somente enquanto ornamento da produção

---

[113] Para esses autores, tratava-se de um termo pejorativo, para não dizer de um oxímoro, uma vez que "indústria" e "cultura" eram concebidos como dois termos violentamente opostos. Hoje, no entanto, não se vê mais nada de chocante nisso: existem universidades na França que propõem mestrados em "indústria cultural"...

de mercadorias, isto é, sob forma de *design*, de publicidade e de moda. Desde então, os artistas raramente são mais do que novos bufões e rapsodos de corte que devem brigar pelas migalhas que lhes jogam os novos patrões, sob o nome de patrocinadores. É evidente que muitos sentem certo mal-estar em face desta "mercantilização da cultura" e prefeririam que a cultura de qualidade — que, de acordo com os gostos, pode ser o "cinema de arte", a ópera ou o artesanato local — não fosse tratada exatamente como a produção de calçados, de *videogames* ou de viagens turísticas, ou seja, seguindo unicamente a lógica do investimento e do lucro. Invoca-se, então, o que na França se chama "a exceção cultural": esse discurso significa que a lógica capitalista — a concorrência e o mercado — vai muito bem em quase todos os campos (e principalmente onde "nós" somos os vencedores, por exemplo, no campo das exportações industriais), mas que ela, por obséquio, faça a gentileza de deixar a cultura fora de suas garras.

Essa esperança é bem ingênua: com efeito, quem aceita o princípio da concorrência capitalista se verá em seguida forçado a aceitar igualmente todas as suas consequências. Se admitimos que é justo que um calçado ou uma viagem sejam considerados exclusivamente a partir da quantidade de trabalho que representam e sob a forma de dinheiro, é um tanto incoerente espantar-se em seguida que essa mesma lógica seja aplicada aos "produtos" culturais. Aqui vale o mesmo princípio do que em qualquer parte: não podemos nos opor aos "excessos" ditos "liberistas" da mercantilização, e hoje muitos são os que o fazem, sem colocar em questão seus fundamentos — o que quase ninguém faz. Como todo telespectador sabe, a dinâmica global da mercadoria não deixa de dilacerar corpos de crianças quando é possível ter um pequeno lucro com as minas terrestres; essa mesma dinâmica certamente não se deixará intimidar pelos respeitosos protestos dos cineastas franceses ou de diretores de museus exasperados por terem que lamber as botas dos empresários da Coca-Cola ou da indústria petroquímica para que financiem uma exposição. A capitulação incondicional da cultura frente aos imperativos econômicos é apenas uma parte da mercantilização cada vez mais total de todos os aspectos da vida. E não se pode colocá-la em discussão apenas no que tange à cultura sem considerar a ideia de romper com a *ditadura da economia* em todos os níveis. Não há razão nenhuma para que a cultura, e apenas ela, deva conseguir salvaguardar sua autonomia em relação à lógica pura do lucro se nenhuma outra esfera também não puder fazê-lo.

Portanto, a necessidade que tem o capital de encontrar esferas de valorização sempre novas — dizendo banalmente, ocasiões de lucro — não poupa a cultura "por seus belos olhos". É até mesmo muito evidente que no interior da cultura, no sentido amplo do termo, a "indústria do entretenimento" constitui o objeto principal de investimento. Já nos anos 1970, o grupo pop sueco Abba era o primeiro exportador do país, à frente da indústria militar Saab; e os Beatles foram nobilitados pela rainha em 1965, devido a sua contribuição à economia inglesa. Além disso, a indústria da diversão — da televisão ao rock, do turismo à mídia de celebridades — joga um papel importante de pacificação social e de criação de consenso. Esse fato se vê muito bem resumido no conceito de "*tittytainment*". Mas de que se trata? Em 1995, reuniu-se em São Francisco o primeiro "State of the World Forum", do qual participaram por volta de quinhentas pessoas dentre as mais poderosas do mundo (entre outras, participaram Gorbatchev, Bush Júnior, Thatcher, Bill Gates...) para discutir a seguinte questão: o que fazer no futuro com os 80% da população mundial que não será mais necessária à produção? Zbigniew Brzezinski, ex-conselheiro do presidente Jimmy Carter, teria então proposto como solução o que chamou de "*tittytainment*": às populações "supérfluas" e potencialmente perigosas por causa de sua frustração, será destinada uma mistura de comida suficiente e diversão, de *entertainment* embrutecedor, para obter um estado de letargia feliz semelhante à que sente um recém-nascido que mama no seio (*tits*, no jargão americano) da mãe.[114] Em outras palavras, o papel central assumido tradicionalmente pela *repressão*, a

---

[114] Brzezinski, aliás, negou ser o autor desse maravilhoso achado. Pouco importa; é o conceito enquanto tal que resume muito bem o que realmente acontece. É importante ressaltar que a denúncia do *tittytainment* não visa a afirmar que uma conspiração dos malvados tenha imposto uma estratégia diabólica ao mundo todo, mas que essa expressão resume uma tendência objetiva na gestão das sociedades contemporâneas.

fim de evitar as perturbações sociais, é doravante amplamente acompanhado pelo da infantilização[115] (que não substitui de todo a repressão, ao contrário do que alguns parecem crer). A relação entre economia e cultura não se limita, portanto, à instrumentalização da cultura pela economia. Tal instrumentalização vai muito além da irritação de ver em toda e qualquer manifestação artística os logotipos dos patrocinadores — que financiavam, diga-se de passagem, igualmente a cultura há quarenta anos; mas faziam através dos impostos que pagavam, logo, sem poder gabar-se por isso e, sobretudo, sem poder influenciar nas escolhas artísticas. Entretanto, a relação entre a fase atual do capitalismo e a fase atual da "produção cultural" é ainda mais direta. Existe um isomorfismo profundo entre a indústria do entretenimento e a deriva do capitalismo rumo à infantilização e ao narcisismo. A economia material mantém laços estreitos com as novas formas da "economia psíquica e libidinal".

Em uma sociedade baseada não apenas na produção de mercadorias, mas onde o trabalho que as produz é o laço social principal, era inevitável que o narcisismo se tornasse a forma psíquica mais típica.[116] O enorme desenvolvimento da indústria do entretenimento é ao mesmo tempo causa e consequência da proliferação do narcisismo. Assim, essa indústria é um dos principais

---

[115] Cf., por exemplo, BARBER, Benjamin. *Comment le capitalisme nous infantilise* [Como o capitalismo nos infantiliza]. Trad. francesa, Paris: Fayard, 2007.

[116] Cf. o ensaio "Será que existe arte depois do fim da arte?", p. 227.

responsáveis pela verdadeira "regressão antropológica" em direção à qual o capitalismo passa a nos arrastar. O narcisismo constitui, com efeito, essa regressão tanto no nível coletivo quanto no individual.

A criança, em sua primeira evolução psíquica, deve superar o estágio da fusão tranquilizadora com a mãe que caracteriza o primeiro ano de vida (trata-se do que Freud chama de "narcisismo primário" e que constitui uma etapa necessária). A criança precisa atravessar as dores do conflito edipiano para chegar a uma avaliação realista de suas forças e de seus limites para renunciar aos sonhos infantis de onipotência. É apenas assim que pode vir a nascer uma pessoa psicologicamente equilibrada. A educação tradicional visava, mais ou menos bem, a substituir o princípio do prazer pelo princípio de realidade, mas sem matá-lo completamente. As etapas do desenvolvimento psicológico do indivíduo não resolvidas de maneira satisfatória dão lugar a neuroses e até a psicoses. A criança não dispõe, então, de uma perfeição originária, nem abandona espontaneamente seu narcisismo inicial. Ela precisa ser guiada para poder ter acesso à plena realização de sua humanidade. As construções simbólicas elaboradas pelas diferentes culturas desempenham evidentemente um papel essencial nesse processo (embora nem todas as construções simbólicas tradicionais pareçam igualmente aptas a promover uma vida humana plena — mas essa é uma outra questão).

No polo oposto, vemos o capitalismo em sua fase mais recente, que se iniciou essencialmente nos anos

1970: o consumo e a sedução parecem ter substituído a produção e a repressão como motor e como modalidade principal do desenvolvimento. Esse capitalismo pós--moderno representa a única sociedade na história que promoveu uma *infantilização* massiva de seus membros e uma *dessimbolização* em larga escala. Desde então, tudo contribui para manter o ser humano numa condição infantil: da revista em quadrinhos à televisão, das técnicas de restauração das obras de arte antigas à publicidade, dos *videogames* aos programas escolares, do esporte de massa aos psicotrópicos, da *Second Life* às exposições nos museus, tudo concorre para a criação de um consumidor dócil e narcísico que vê no mundo inteiro uma extensão de si mesmo, como algo governável com um clique de seu *mouse*. A pressão contínua dos meios de comunicação de massa e a eliminação contemporânea tanto da realidade quanto da imaginação em proveito de uma reprodução planificada do existente, a "flexibilidade" imposta permanentemente aos indivíduos e o desaparecimento das perspectivas tradicionais de sentido, a desvalorização simultânea do que constituía outrora a maturidade das pessoas e daquilo que constituía o encanto da infância, substituídas por uma adolescência eterna e degradada: tudo isso produziu uma verdadeira regressão humana de grande amplitude, que poderia muito bem ser chamada de barbárie cotidiana. Alguns expressam críticas, até mesmo fortes, a esses fenômenos; mas os remédios propostos são impotentes, ou banalmente reacionários (como quando se propõe uma simples restauração das autoridades tradicionais). É somente a partir do momento em que se coloca radicalmente em discussão a lógica da mercadoria que se podem compreender as raízes profundas dessas tendências à desumanização.

Podemos nos perguntar por que um tal reforço das tendências regressivas na sociedade tem suscitado tão pouca oposição. Pelo contrário, todos até mesmo têm contribuído para essa situação. A direita, por continuar a acreditar no mercado, pelo menos desde que se converteu inteiramente ao liberalismo; a esquerda, por acreditar na igualdade dos cidadãos. O mais curioso é justamente o papel desempenhado pela esquerda nessa adaptação da cultura às exigências do neocapitalismo. Ela frequentemente esteve na vanguarda da transformação da cultura em mercadoria, não sem deixar de conservar na ponta da língua as palavras mágicas de "democratização" e "igualdade". A cultura deve estar à disposição de todos! Quem pode negar que se trata de uma aspiração muito nobre? Muito mais rapidamente do que a direita, a esquerda — seja "moderada" ou "radical" — abandonou, principalmente depois de 1968, a ideia de que pudesse existir uma diferença *qualitativa* entre expressões culturais distintas. Explique a qualquer representante da esquerda cultural que Beethoven vale mais do que o rap ou que seria muito melhor que as crianças decorassem alguns poemas em vez de jogarem *Playstation*, para ver como ele o qualificará automaticamente de "reacionário" e de "elitista". A esquerda fez as pazes quase por toda parte com as hierarquias do dinheiro e do poder e as considera inevitáveis, ou até mesmo agradáveis, embora os estragos que produzem estejam diante dos olhos de todos. Em compensação, essa esquerda quis abolir as hierarquias que podiam até fazer certo sentido, sob a condição de que elas não fossem estabelecidas como definitivas, que fossem modificáveis: aquelas da inteligência, do gosto, da sensibilidade, do talento. É exatamente a existência de uma hierarquia de valores que pode negar e contestar a hierarquia do poder e do dinheiro, a qual, pelo contrário, reina absoluta numa época em que se nega toda e qualquer hierarquia cultural.

Mas mesmo aqueles que admitem o perecimento da cultura geral, na escola, por exemplo, acrescentam inevitavelmente a essa constatação a afirmação de que outrora a cultura era talvez mais elevada, mas constituía um privilégio de uma ínfima minoria, enquanto que a grande maioria era condenada à ignorância, e até ao analfabetismo. Hoje, por outro lado, todo mundo pode ter acesso aos conhecimentos, garantem-nos. Será que isso é verdade? Poderíamos dizer, em contrapartida, que as crianças que crescem hoje com Homero, ou Shakespeare, ou Rousseau, representam uma minoria ainda mais ínfima do que aquela de outrora. A indústria do entretenimento não faz outra coisa senão substituir uma forma de ignorância por outra, do mesmo modo que o forte aumento do número de pessoas possuindo um diploma de ensino superior ou frequentando a Universidade — eterno motivo de orgulho de todas as políticas de educação — não parece ter aumentado muito o número de pessoas que têm uma cultura, ou que simplesmente sabem alguma coisa. Podem-se atualmente nas universidades francesas obter diplomas de mestrados sobre assuntos e com conhecimentos que teriam sido considerados insuficientes, há trinta anos, para obter um diploma de estudos profissionais. Assim, não há nada do outro mundo no fato de que na França, a cada ano, aproximadamente a metade dos jovens obtenha êxito em seu exame de conclusão do ensino médio e assim acesso à universidade — que grande vitória para a democratização da cultura!

Não se podem chamar os produtos da indústria do entretenimento de "cultura de massa" ou "cultura popular", como sugere, por exemplo, o termo "música pop", ou como afirmam todos aqueles que acusam de "elitismo" toda crítica do que na realidade não passa da "formatagem" das massas, para utilizar uma palavra contemporânea bastante eloquente. O relativismo generalizado e a recusa de toda e qualquer escala de valores culturais passaram com frequência, principalmente na época pós-moderna, como equivalentes de formas de emancipação e de crítica social, por exemplo, em nome das culturas subalternas. Com um olhar mais atento, poderia dizer-se antes de tudo que se trata de reflexos culturais da dominação da mercadoria. Perante a mercadoria, incapaz de operar distinções qualitativas, tudo é igual. Tudo não passa de material para o processo — sempre idêntico — de valorização do valor. Essa indiferença da mercadoria em relação ao conteúdo se encontra numa produção cultural que recusa o julgamento qualitativo e para a qual tudo se equivale. "A indústria cultural cunha tudo com a igualdade", declarou Adorno em 1944.

Certamente, alguém não perderá a chance de acusar esta argumentação de "autoritarismo" e de afirmar que são "as próprias pessoas" que querem espontaneamente, que pedem, que desejam os produtos da indústria cultural, mesmo diante de outras expressões culturais que também constituem alternativas; assim, milhões de pessoas comem de bom grado nos *fast-foods*, embora sempre tenham a possibilidade de comer em outro lugar pelo mesmo preço. Para responder a essa objeção, pode-se efetivamente trazer à lembrança o fato elementar de que, em meio a bombardeios midiáticos massivos e contínuos em favor de certos estilos de vida, a "livre escolha" se mostra antes de tudo como condicionada. Mas não se trata apenas de "manipulação". Já vimos que o acesso à plenitude do ser humano necessita de uma ajuda vinda da parte daqueles que já possuem, pelo menos em parte, essa plenitude. Dar livre curso ao desenvolvimento "espontâneo" não cria as condições da liberdade. A "mão invisível" do mercado acaba por desembocar num monopólio absoluto ou na guerra de todos contra todos, mas não na harmonia. Assim, não ajudar alguém a desenvolver sua capacidade de diferenciação significa condená-lo a um infantilismo eterno.

Pode-se explicar isso com um simples fato particularmente interessante, e que aliás não foi tirado da psicanálise, mas da cozinha. Existem quatro gostos fundamentais, no sentido do sabor: o doce, o salgado, o ácido e o amargo. Ora, o palato humano é capaz de perceber a décima-milésima parte de uma gota amarga dissolvida num copo d'água, enquanto que, para os outros gostos, é preciso uma gota inteira para que esta seja perceptível.[117] Consequentemente, nenhum outro gosto é tão capaz quanto o amargo de fazer distinção e de ser portador de uma multiplicidade quase infinita de sensações gustativas. As culturas do vinho, do chá, do queijo, essas grandes fontes de prazer na existência humana, fundam-se nesses tipos e nessas gradações inumeráveis do amargo.

Entretanto, a pequena criança recusa espontaneamente o amargo e apenas aceita o doce, em seguida o salgado. Mas ele deve ser *educado* de modo a apreciar o amargo, vencendo uma resistência inicial. Em troca, desenvolverá a capacidade de gozar desse domínio que, de outro modo, ter-lhe-ia permanecido inacessível. Mas se ninguém sugerir, a criança nunca pedirá nada além do doce e do salgado, que conhecem bem poucas nuanças, podendo somente ser mais ou menos fortes. E é assim que nasce o consumidor de *fast-food* — que se baseia, como se sabe, unicamente no doce e no salgado — incapaz de gostar de outros sabores diferentes. E o que não aprendemos quando pequenos, não mais aprenderemos quando adultos: se uma criança que cresceu à base de hambúrguer e de

---

[117] BOUDAN, Christian. *Géopolitique du goût* [Geopolítica do gosto]. Paris: PUF, 2004, p. 35 (Capítulo I, 7: *"Le paradoxe de l'amer"* [O paradoxo do amargo]).

coca-cola tornar-se um novo rico e quiser esbanjar cultura e fineza, até poderá consumir vinhos caros e queijos de qualidade, mas jamais saberá apreciá-los verdadeiramente.[118]

Pode-se aplicar esse raciocínio sobre o "gosto" gastronômico igualmente ao "gosto" estético. É necessária uma educação para apreciar uma música de Bach ou uma música árabe tradicional, enquanto que a simples posse de um corpo é suficiente para "apreciar" as simulações somáticas de uma música de rock. É inegável que uma boa parte da população mundial parece doravante pedir "espontaneamente" coca-cola e rock, revistas em quadrinho e a pornografia em rede. No entanto, isso não demonstra que o capitalismo, que oferece todas essas maravilhas em profusão, esteja em sintonia com a "natureza humana". Isso demonstra antes de tudo que ele conseguiu manter essa "natureza" em seu estado inicial. Com efeito, comer com uma faca e um garfo também não aparece logo de entrada no desenvolvimento de um indivíduo...

---

[118] Aqueles que pensam que a França ainda está ao abrigo dessas tendências poderiam meditar sobre o esforço de certos viticultores franceses para adaptar — violando, assim, a legislação francesa — seu vinho às exigências dos consumidores americanos, que pedem um gosto notadamente adocicado e vanilhado, um gosto que acaba por tornar-se igualmente o de um grande número de consumidores franceses (Cf. o filme *Mondovino* de Jonathan Nossiter, 2003). Na Itália, o famoso Barolo é objeto de uma "guerra" entre os produtores que querem defender o gosto tânico tradicional e aqueles que desejam adaptá-lo aos padrões "internacionais", tornando-o mais leve e frutuoso.

Deste modo, o sucesso das indústrias do entretenimento e da cultura do "fácil" — um sucesso incrivelmente mundial que vai além de todas as barreiras culturais — não se deve somente à propaganda e à manipulação, mas também ao fato de que essas indústrias vêm ao encontro do desejo "natural" da criança de não abandonar sua posição narcísica. A aliança entre as novas formas de dominação, as exigências da valorização do capital e as técnicas de marketing mostram-se assim tão eficazes porque se apoiam na tendência regressiva já presente. A virtualização do mundo, de que tanto se fala, é também uma estimulação dos desejos infantis de onipotência. "Abaixo todos os limites" é ao que mais somos incitados hoje, quer se trate da carreira profissional ou da promessa de vida eterna feita pela medicina, quer se trate das existências infinitas que podemos viver nos *videogames*, ou da ideia de que um "crescimento econômico" ilimitado seja a solução a todos os problemas. O capitalismo é a primeira sociedade na história que se baseia na ausência de todos os limites, e que diz isso o tempo todo. Hoje nós começamos a ter a medida do que isso significa.

Mas se a indústria cultural está totalmente em consonância com a sociedade mercantil, será que se pode, por outro lado, opor a ela a arte "verdadeira" enquanto reino do humano? A cumplicidade aberta ou velada com os poderes de seu tempo e com os modos de vida dominantes sempre caracterizou uma grande parte das obras culturais, mesmo as mais elevadas. O importante, entretanto, é que antes a *possibilidade* de uma distância não deixava de existir. A capacidade característica das melhores obras de arte do passado de descarregar choques existenciais, de colocar em crise o indivíduo em vez de consolá-lo e de apoiá-lo em seu modo existencial habitual,[119] está visivelmente ausente nos produtos da indústria do entretenimento. Estes visam à "experiência" e ao "evento". Quem se propõe a vender adianta-se aos desejos dos que adquirem e à sua busca de uma satisfação instantânea; confirma a alta opinião que consumidores têm de si mesmos, em vez de frustrá-los com obras não imediatamente "legíveis". Até uma época recente, julgava-se — no campo estético — uma pessoa pelas obras que ela sabia apreciar; e não as obras pela quantidade de pessoas que tinham capacidade de atrair, a partir do número de visitantes que se precipitavam a uma exposição ou ainda pela quantidade de *downloads* efetuados. Quem estivesse à altura de apreender a complexidade e a riqueza de uma obra particularmente exitosa era consequentemente considerado como alguém que tinha um passo adiante na estrada da realização humana. Que contraste em relação à visão pós-moderna segundo a qual todo e qualquer espectador é democraticamente livre para ver numa obra o que bem quiser e, portanto, o que nela ele próprio projetar! Dessa forma, é certo que o espectador nunca se confrontará com nada de verdadeiramente novo e terá a certeza tranquilizadora de poder sempre permanecer o que é. E isso é exatamente

---

[119] Algumas obras, enquanto nós a olhamos, parecem olhar-nos por sua vez, e esperar uma resposta de nossa parte.

a recusa narcísica de entrar numa verdadeira relação objetal com um mundo distinto do Eu.

Desse ponto de vista, hoje não existe quase mais nenhuma diferença entre a "grande arte" e a arte "de massa". Muito frequentemente, a arte contemporânea parece tão pouco capaz quanto os produtos da indústria do entretenimento de sacudir o espectador; além do mais, ela também participa da mesma desrealização geral. Quando ela se torna subespécie do *design* e da publicidade, passa a merecer sua comercialização. Uma boa parte da arte contemporânea se jogou nos braços da indústria cultural e pede docilmente para ser aceita à sua mesa. Isso é um resultado, tardio e imprevisto, do alargamento da esfera da "arte" e da estetização da vida empreendida há um século pelos próprios artistas.

Além do mais, as obras do passado se encontram incorporadas na máquina cultural; através das exposições espetaculares ou através das restaurações que têm o objetivo de tornar as obras consumíveis por todo tipo de público (por exemplo, revivescendo excessivamente as cores, como é o caso dos afrescos da Capela Sistina em Roma) ou através das versões massacradas dos clássicos literários ou musicais com o objetivo de "aproximá-los" do público. Ou ainda misturando-os a formas de expressão do presente que lhes retiram toda a especificidade histórica, como no caso da pirâmide no pátio do Louvre em Paris. O aguilhão que as obras do passado poderiam ainda possuir, nem que fosse por causa de sua distância temporal, encontra-se assim neutralizado devido a sua espetacularização e sua comercialização.

Não há nada mais deplorável do que os museus que se tornam "pedagógicos" e que querem "aproximar" as "pessoas comuns" da "cultura" com uma pletora de explicações nas paredes e nos fones de ouvido — que prescrevem a cada um exatamente o que deve sentir diante das obras —, nas projeções de vídeo, nos jogos interativos, nos *museum shops* e nas camisetas... Pretende-se deste modo colocar a cultura e a história ao alcance das camadas não burguesas (como se os burgueses de hoje fossem ainda cultos!). Na verdade, essa abordagem *user friendly* constitui o cúmulo da suficiência paternalista em relação às camadas populares (se é que elas ainda existem): ela supõe, com efeito, que as "pessoas do povo" são, por definição, insensíveis à cultura e que a apreciam apenas quando é apresentada da maneira mais frívola e mais infantil possível.

Assim, desaparece igualmente a atmosfera sossegada que tinham os museus um tanto empoeirados de antanho, agradáveis justamente porque se acreditava estar penetrando num mundo à parte onde era possível repousar do turbilhão sempre a nos rodear — e também porque esses museus eram pouco frequentados. Agora, quanto mais um museu for "administrado" e atrair público, mais se assemelha a um cruzamento entre uma estação de metrô no horário de pico e uma sala com computadores. Para que, então, ainda continuar a visitá-los? É muito melhor olhar as mesmas obras num CD, porque, de qualquer maneira, em tais museus não resta mais nada da "aura" da obra original. Isso foi uma outra maneira perversa de unir a arte à vida, de anular a diferença entre elas e eliminar toda e qualquer ideia de que possa existir algo distinto da realidade banal que nos rodeia. O velho museu, com todos os seus defeitos, podia constituir o espaço apropriado para a aparição de algo de realmente extraordinário para o espectador, justamente por sua imensa diferença em relação a tudo que vivemos habitualmente. Hoje, as turmas escolares que são arrastadas pelas salas de exposição recebem sobretudo uma eficaz vacinação preventiva contra todo e qualquer risco de receber uma mensagem existencial da parte da arte ou da história, ou pelo menos contra a vontade de ir descobri-las por sua própria conta...

Se queremos evitar que a cultura seja completamente absorvida pela economia — e o desejo de evitar esse fim permanece de qualquer modo bastante difundido — é preciso começar por admitir a existência de uma diferença qualitativa entre os produtos da indústria do entretenimento e uma possível "cultura verdadeira", o que significa admitir a possibilidade de um julgamento qualitativo, em vez de puramente relativo e subjetivo. Há uma grande diferença, por um lado, entre a vontade de estabelecer parâmetros de julgamento — sem perder de vista que esses parâmetros não caem do céu, mas que devem estar sujeitos à discussão e à mudança — e, por outro, a negação *a priori* da possibilidade mesma de estabelecer parâmetros para afirmar antes do mais que tudo se equivale. Mas se tudo é a mesma coisa, então nada mais vale a pena. Essa igualdade e a indiferença que dela resulta estendem-se como um sudário sobre vida dominada pelo mercado e pela mercadoria, o trabalho e o dinheiro. Elas minam já na base a capacidade dos humanos de enfrentar as ameaças onipresentes de barbarização. Os desafios que nos esperam nos próximos tempos deveriam ser afrontados por pessoas na plena posse de suas faculdades humanas, e não por adultos que permaneceram crianças no pior sentido do termo. Será curioso ver qual será o lugar da arte e da cultura nessa passagem de época.

Será que existe arte depois do fim da arte?

Os situacionistas tinham anunciado nos anos 1950 e 1960 a "superação" e a "realização" da arte. Para eles, a arte tinha perdido sua razão de ser e sua história chegara ao fim; e Guy Debord reafirmou em 1985 que esta proclamação não era exagerada, visto que "desde 1954, nunca mais se viu aparecer, onde quer que fosse, um único artista ao qual se pudesse reconhecer um verdadeiro interesse".[120]

Se levarmos a sério as teses situacionistas — e tornou-se difícil não fazê-lo — então surge inevitavelmente esta pergunta: como se posicionar hoje perante a produção artística que continuou no meio século que nos separa da fundação da I.S., e em proporções antes

---

[120] DEBORD, Guy. Prefácio a *Potlach*, 1954–1957, edições Gérard Lébovici, 1985. (Reeditado in: Oeuvres, Paris: Gallimard, Collection "Quarto", 2006, p. 131.)

inimagináveis? Condenar essa produção em bloco, e ela mesma dá muitos motivos para fazê-lo, é decerto muito coerente, mas não dá nenhuma explicação sobre o fracasso do projeto histórico de realizar a arte na vida, fracasso que caracterizou igualmente esse meio século. A superação da arte tentada pelos situacionistas foi em verdade um projeto de salvar a arte,[121] uma última grande declaração de amor pela arte e pela poesia, julgadas por demais importantes para serem deixadas aos artistas e às instituições culturais. Não era a criatividade artística que os situacionistas consideravam caduca, mas a função social da arte, tornada incapaz de conter as riquezas possíveis da vida humana.[122]

A realização da arte — pelo menos tal qual os situacionistas imaginaram — não teve lugar. O assalto ao céu recaiu sobre a terra, a sociedade capitalista espetacular, seriamente abalada em torno de 1970 (e não eram só os revolucionários exaltados a afirmá-lo —

---

[121] Talvez fosse a única tentativa possível, a única possibilidade de progredir no momento mesmo em que os diferentes neodadaísmos não faziam outra coisa senão retomar o que já fora feito, admitindo implicitamente que a história da arte terminara e que agora se tratava somente de despojar o cadáver. Neste sentido, a I.S. foi efetivamente a última vanguarda.

[122] Em geral, negligencia-se o fato de que os situacionistas utilizavam o termo "superar a arte" em dois sentidos diferentes: no sentido de "obsoleto", "perecido", "caduco", "mais em sintonia com o tempo" — e esse tipo de superação era já, segundo eles, em sua época, fato consumado. "Superar" deve ser também entendido no sentido do *aufheben* hegeliano: ir mais adiante, criar o novo conservando os elementos válidos do antigo. Esse tipo de superação estava, para eles, para ser levado a cabo — não mais na esfera artística, mas graças a uma revolução social.

basta ler os relatórios do patronato da época),[123] reinstaurou seu reinado absoluto, que vê hoje despontar em seu horizonte não mais a revolução, mas a queda definitiva na anomia. Nessa situação, a arte que nos anos 1960, aos olhos dos espíritos mais "avançados", podia parecer *demasiado pouca* se comparada ao *"grandioso desenvolvimento possível"*,[124] figuraria hoje como último refúgio da liberdade. Se ela não é a riqueza humana realizada, poderia ser pelo menos o que garante seu lugar, a lembrança, o anúncio de sua vinda possível. Seria sempre melhor que nada. Poderíamos, então, finalmente dar razão às teses de Theodor W. Adorno com uma argumentação "situacionista" e principalmente à sua afirmação: "É por não haver nenhum progresso no mundo que existe um na arte; é preciso continuar".[125]

Mas se, do ponto de vista de uma crítica radical do mundo existente (que encontra necessariamente uma de suas raízes no pensamento de Debord), parece possível — devido à evolução histórica, e à falta de algo melhor — admitir novamente a possibilidade de *uma* arte contemporânea geral, isso não significa

---

[123] Por exemplo, aqueles citados por Luc Boltanski e Ève Chiapello em *O novo espírito do capitalismo*. São Paulo: Martins Fontes, 2009, p. 204.

[124] *"Domination de la nature, idéologies et classes"* [Dominação da natureza, ideologias e classes]. In: *Internacional Situacionista*, n° 8, 1964. Publicado na antologia *Internacional situacionista*, Tradução Júlio Henriques. Lisboa: Antígona, 1997.

[125] ADORNO, T. W. *Teoria estética*. Lisboa: Edições 70, 1992, p. 235. [A tradução utilizada pelo autor contradiz a tradução portuguesa. (N.d.T.)]

forçosamente fazer o elogio *dessa* "arte contemporânea", ou seja, da produção artística que efetivamente apareceu após 1975. A reflexão teórica não tem por tarefa justificar o presente ou glorificá-lo — e isso é verdade não só para a política ou para a economia, mas também para a arte.[126] Antes de analisar o que fazem os artistas de hoje (ou aqueles que o mercado, a mídia ou as instituições designam como tais) seria necessário talvez colocar uma questão preliminar: quais expectativas podem-se legitimamente formular em relação à arte contemporânea?

Certamente, alguns negarão *a priori* a pertinência de todo e qualquer discurso sobre a arte contemporânea fundado numa teoria social. Hoje, na "democracia plural", evocada untuosamente todos os dias, cada um, artista e público, é livre, diz-se, para fazer sua escolha na pluralidade das práticas e para nela efetuar seu *zapping* segundo suas vontades. Todo e qualquer juízo de valor com pretensão de objetividade, sobretudo quando fundado em considerações não estritamente internas à obra, passa então por *demodé*, e até totalitário.

Não há nada que se possa objetar a essa concepção liberal de arte: todo mundo é livre para a ela se

---

[126] Se é permitido lançar vitupérios contra todos os sistemas de governo, não há razão para que seja proibido *a priori* fazer o mesmo com a arte contemporânea. Existiram épocas culturais que em seguida foram consideradas ridículas (por exemplo o eufuísmo do século XVII, ou a pintura *pompier*) juntamente com os teóricos que as louvavam. Não se pode colocar como *petitio principii*: "Isso existe, muitas pessoas apreciam, e até pagam para tê-lo, então isso tem valor".

entregar assim como se é livre para comer no Macdonald's, para ver televisão, ou para votar nas eleições. Em contrapartida, aqueles que não se acomodam, ou que acreditam pelo menos que deveria ser possível elaborar alguns critérios não puramente subjetivos para falar dos produtos culturais e para julgar sua importância, estariam talvez de acordo neste ponto de partida mínimo: as produções culturais fazem parte da esfera simbólica, dessas estruturas com as quais os homens sempre tentaram representar e explicar a si mesmos a vida e a sociedade, e por vezes também criticá-las. Poderíamos interrogar-nos, então, sobre a capacidade da arte contemporânea de criar símbolos que não sejam puramente pessoais, mas que correspondam a um vivido mais amplo, e nesta base, poderíamos arriscar algumas opiniões sobre as criações de hoje.

A questão não deve ser colocada de forma abstrata: não se trata de determinar uma essência atemporal da arte, mas de falar do *hic et nunc*. Quais são os traços essenciais da vida de hoje que demandam uma tradução no plano simbólico? Não pode simplesmente tratar-se de injustiças, de guerras ou de discriminações, uma vez que estas formam desde há muito tempo o tecido da existência social. Mais especificamente, a época "contemporânea" se distingue pela prevalência total desse fenômeno que já Karl Marx chamou de *fetichismo da mercadoria*. Esse termo indica muito mais do que uma adoração exagerada das mercadorias, e tampouco se refere a uma simples mistificação. Na sociedade moderna — capitalista e industrial —, quase toda atividade social toma a forma de uma mercadoria, material ou imaterial. O valor de uma mercadoria é determinado pelo tempo de trabalho necessário à sua produção. Não são as qualidades concretas das mercadorias que decidem seu destino, mas a quantidade de trabalho que nelas está incorporada — e esta se exprime sempre em uma quantia de dinheiro. Os produtos do homem começam assim a levar uma vida autônoma, regida pelas leis do dinheiro e de sua acumulação em capital. O "fetichismo da mercadoria" deve ser entendido ao pé da letra: os homens modernos — assim como aqueles nomeados "selvagens" por eles — veneram o que eles próprios produziram, atribuindo a seus ídolos uma vida independente e o poder de governá-los por sua vez. Não se trata de uma ilusão ou enganação, mas do modo de funcionamento *real* da sociedade mercantil. Esta lógica da mercadoria domina todos os setores da vida, para muito além da economia (e a teoria do espetáculo de Debord se mantém como uma das melhores descrições desse fenômeno). Enquanto mercadorias, todos os objetos e todos os atos são iguais. Não passam de quantidades maiores ou menores de trabalho acumulado e, portanto, de dinheiro. É o mercado que executa essa homologação, para além das intenções subjetivas dos atores. O reinado da mercadoria é, portanto, terrivelmente monótono, e é até mesmo sem conteúdo. Uma forma vazia e abstrata, sempre a mesma, uma pura quantidade sem qualidade — o dinheiro — impõe-se pouco a pouco à multiplicidade infinita e concreta do mundo. A mercadoria e o dinheiro são indiferentes ao mundo que para eles não passa de uma matéria-prima a ser utilizada. A própria existência de um mundo concreto, com suas leis e resistências, é finalmente um obstáculo à acumulação de capital que não tem outro fim senão ele próprio. Para transformar cada quantia de dinheiro numa quantia maior, o capitalismo consome o mundo inteiro — no plano social, ecológico, estético, ético. Por trás da mercadoria e seu fetichismo esconde-se uma verdadeira "pulsão de morte", uma tendência — inconsciente, mas poderosa — ao "aniquilamento do mundo".

O equivalente do fetichismo da mercadoria na vida psíquica individual é o *narcisismo*. Aqui, o termo não indica apenas uma adoração de seu próprio corpo ou de sua própria pessoa. Trata-se de uma grave patologia, bem conhecida na psicanálise: uma pessoa adulta conserva a estrutura psíquica dos primeiros anos de sua infância, quando ainda não há distinção entre o eu e o mundo. Todo e qualquer objeto exterior é vivido pelo narcísico como uma projeção de seu próprio eu, e em contrapartida, esse eu fica terrivelmente pobre por causa de sua incapacidade de se enriquecer em verdadeiras relações com objetos exteriores — com efeito, o sujeito, para tanto, deveria primeiramente reconhecer a autonomia do mundo exterior e sua própria dependência em relação a ele. O narcísico pode aparecer como uma pessoa "normal"; em verdade, nunca saiu da fusão originária com o mundo de seu entorno e faz tudo para manter a ilusão de onipotência que deriva dessa postura. Essa forma de psicose, rara na época de Freud, tornou-se, no transcorrer do século, uma das principais afecções psíquicas; podem-se ver os seus traços um pouco por toda parte. Não por acaso: no narcisismo encontra-se a mesma *perda do real*, a mesma *ausência de mundo* — de um mundo reconhecido em sua autonomia fundamental — que caracteriza o fetichismo da mercadoria. Aliás, essa denegação resoluta da existência de um mundo independente de nossas ações e de nossos desejos representou, desde o começo, o centro da modernidade: é o programa enunciado por Descartes quando descobre na existência de sua própria pessoa a única certeza possível.

Ora, pode-se esperar que a arte contemporânea, se quiser ser mais do que um ramo da indústria cultural, leve em conta esse desmantelamento tão grave da relação entre o homem e seu mundo, que não é um destino metafísico, mas a consequência da lógica da mercadoria. Georg Lukács já criticava a arte de vanguarda por sua "ausência de mundo"; hoje esse termo ganha um novo significado. Parece legítimo, então, esperar o aparecimento de obras que deixem entrever a possibilidade de parar a deriva rumo ao inumano e que salvaguardem o horizonte último de uma reconciliação futura entre o homem e o mundo, o homem e a natureza, o homem e a sociedade, mas sem trair essa perspectiva da pretensão de sua realização imediata, ou já advinda. Pode-se discernir uma tal orientação no sentido de uma reconciliação nas obras — no sentido mais amplo — que dão uma verdadeira atenção a seu material, que seja a pedra, o tecido, o meio ambiente, a cor ou o som. O mundo está cheio de arquitetos que desconhecem tudo a respeito das propriedades dos materiais que empregam (a nova Biblioteca Nacional em Paris é caso exemplar), estilistas que não sabem como cai um tecido, pintores que seriam incapazes de desenhar uma maçã. É a cultura do "projeto" para o qual, demasiadas vezes, o material não é senão um suporte inerte que o sujeito pode manipular para nele depositar suas "ideias". É uma forma de narcisismo e de denegação do mundo, experimentado como indócil demais aos sentimentos de onipotência do consumidor. Explorar as potencialidades e os limites do material, do som, das palavras, e ver aonde se pode chegar, em vez de dobrá-los à sua vontade, constitui assim um primeiro passo na direção de uma relação menos violenta com o mundo, com os outros homens e com a natureza. Não se trata da apologia de uma arte "objetiva" ou da recusa da introspecção e de toda obra em que o sujeito se ocupa de si mesmo: podem-se compreender e dizer muitas coisas sobre o "mundo" olhando para o interior de si (e pode-se falar também do mundo exterior sem, na verdade, nele encontrar outra coisa a não ser reflexos de si mesmo).

A lógica fetichista atravessa toda a sociedade e também cada indivíduo. Ela não permite distinguir claramente entre atores e vítimas, opressores e oprimidos, exploradores e explorados, bons e maus. Todos e cada um participam dessa lógica (mas evidentemente não da mesma maneira). É por isso que a boa vontade (por exemplo, a intenção de lutar contra os preconceitos ou pelas vítimas da Aids) não basta. Levar as pessoas a serem um pouco mais gentis e conviviais em sua vida cotidiana, como propõe a "estética relacional", degrada a arte em terapia contra a frieza do mundo. Se quiser quebrar a dureza dos indivíduos fetichistas e narcísicos, a própria arte deve ser dura e difícil. Isso não quer dizer voluntariamente críptica; mas exigente. A arte, se não quiser participar da marcha do mundo, deve se abster de ir ao encontro das "pessoas", de facilitar-lhes a vida, de tornar-se mais simpática à sociedade, de ser útil, de agradar; ela permanece mais fiel à sua vocação quando se opõe à comunicação fácil e se esforça para confrontar seu público com algo "maior" do que ele. Essa arte deve chocar-se não com convenções morais,[127] já completamente abalados, mas com a teimosia dos seres humanos em sua existência empírica, uma existência petrificada nas categorias correntes (que hoje não exclui a liquefação mais extrema). Idealmente, não são as obras que devem agradar aos homens, mas os homens que deveriam tentar não desmerecer as obras. Portanto, não cabe ao espectador/consumidor escolher sua obra, mas à obra escolher seu público, determinando quem é digno dela. Não cabe a nós julgar

---

[127] Quanto à pretensão da arte contemporânea de ser subversiva, nem toquemos no assunto. Em verdade, muitos tabus continuam a existir nesta sociedade, mas a arte contemporânea nunca os afronta. Sem precisar recorrer ao repugnante ou ao ilegal, bastaria, para causar escândalo, "questionar" certas coisas tidas por toda parte como naturais e positivas: a democracia liberal e o pluralismo, a fecundação artificial e a dissecação de cadáveres, o transplante de órgãos, o divórcio fácil (LASCH), os transportes mecanizados, a educação obrigatória...

Baudelaire ou Malevitch; são eles que nos julgam e que julgam nossa faculdade de julgar. A obra, nessa perspectiva, não deve estar "a serviço" do sujeito que a contempla. Poderíamos dizer da arte o mesmo que vale para a ética: ela estabelece parâmetros, indica até onde os indivíduos devem forçar-se a chegar — e não o contrário. Uma das funções da arte sempre foi mostrar aos indivíduos um mundo superior, onde se encontravam a liberdade e a intensidade cuja ausência se fazia tão cruelmente sentir na vida de todos os dias. A arte permitia entrever modos de vida mais elevados e mais essenciais, tanto na epopeia quanto na primeira pintura abstrata — e confrontava, assim, o indivíduo com o estado do mundo real.

Mas será que esse gênero de obras mais essenciais vai surgir? Os sinais não são encorajadores. É muito mais fácil fazer um balanço da situação do mundo atual do que indicar obras que dela realmente deem conta, ou somente imaginá-las concretamente. Ainda menos se vê avançar uma corrente artística coerente capaz de assumir o estado do mundo, tal qual fizeram tanto a pintura abstrata quando reagiu ao devir-abstrato da vida social no começo do século XX, quanto os surrealistas, de um lado, e os construtivistas, de outro, quando ofereceram diferentes instrumentos para reagir à irrupção da sociedade industrial na vida cotidiana e ao "desencantamento do mundo".

Não se pode dizer o mesmo sobre a eterna repetição do gesto de Marcel Duchamp. O mictório que ele expôs em 1917 como "fonte" foi uma provocação bem concebida; depois, tornou-se uma patente de nobreza para expor qualquer objeto como obra de arte, eliminando, dessa forma, toda e qualquer ideia de uma obra excelente ou "sublime". Vale a pena lembrar que o próprio Duchamp foi o primeiro a afirmá-lo, com sua ambiguidade característica. Em 1962, ele disse ao ex-dadaísta Hans Richter: "Esse neo-Dada que se chama agora Novo realismo, Pop-Art, assemblagem etc., é uma distração barata que vive daquilo que o Dadaísmo fez. Quando descobri os ready-mades, esperava desencorajar esse carnaval de estetismo. Mas os neodadaístas utilizam os ready-mades para neles descobrir um valor estético. Joguei-lhes o porta-garrafas e o mictório na cabeça como uma provocação, e eles admiram a sua beleza".[128]

A questão não é saber se o *Quadrado branco* de Malevitch, ou a *Fonte* de Duchamp, ou, no limite, a *Cadeira* de Kosuth são ou não obras de arte no sentido absoluto. Eram no momento histórico em que apareceram: porque era a primeira vez, porque um processo longo e doloroso foi necessário para se chegar a esse ponto — e os artistas deram conta disso. Mas, uma vez produzidas, não se podiam mais reproduzir essas obras — em seguida, era tão ridículo refazer essa operação quanto hoje seria descobrir a estrutura das moléculas.[129] Nisto a arte é radicalmente não democrática. Ela coloca os artistas a seu serviço e não o contrário:

---

[128] Citado por M. Jimenez em *La querelle de l'art moderne* [A querela da arte moderna]. Paris: Gallimard, 2005, p. 83.

[129] Em compensação, não era impossível continuar a seguir pela via

não é todo mundo que pode fazer tudo a qualquer momento. É *tarde demais* para fazer monocromáticos, ou *ready-mades*. Aqueles que vieram ao mundo mais cedo já fizeram, pegaram tudo sem nada deixar à posteridade. É uma injustiça histórica, parecida um pouco com o fato de encontrarmos a terra já repartida desde há muito quando nascemos. Frequentemente, sente-se nos "criadores" contemporâneos uma espécie de raiva por tudo já ter sido tão bem feito no passado. Se a arte deve ser algo mais do que uma maneira de aspirar à realização pessoal servindo-se no celeiro das possibilidades, a situação do artista contemporâneo é efetivamente pouco invejável. É preciso amar não os homens, mas o que os devora.

Igualmente sem perspectivas parece outro dos procedimentos artísticos principais de hoje: aquele que se resume nas palavras — reutilização, "mixagem", citação ou plágio — e que pode chegar ao ponto de se reivindicar como "desvio" situacionista. Este procedimento somente possui um sentido em relação a uma comunidade de pessoas que tenham as mesmas referências culturais que – pelo menos no interior desse grupo — têm o valor de "clássicos", e mantêm esse valor por um certo período — seja a literatura grega em pessoas cultas do século XIX ou a literatura surrealista para os jovens letristas. Em tal contexto, podem até mesmo se criar obras inteiramente compostas de

---

traçada por Kandinsky, ou pelos surrealistas – nesse caso, tratava-se de *técnicas*.

citações. Hoje, nenhuma herança cultural é mais universal, nem mesmo no interior, por exemplo, do público do rock, para o qual Chuck Berry está tão longe quanto Beethoven.[130] Nessas condições, servir-se das criações já existentes não significa outra coisa senão brincar com um console como um DJ: é a criatividade para todos graças ao supermercado.

Será essa situação atual da arte contemporânea, tantas vezes deplorada, uma simples aberração? Será culpa dos artistas, dos museus, das instituições? Pode-se imaginar uma correção da situação? Uma grande conferência de todos os profissionais da arte que decidem mudar tudo no mundo da arte? Há artistas a serem valorizados e que, embora hoje injustamente negligenciados, poderiam elevar o nível de exigência? Devem-se refazer os currículos das escolas de arte? Ou empregar de outra forma os recursos que o Estado aloca para a cultura? Nada é menos garantido. O problema é mais grave. É o estado atual da sociedade e a evolução que fez chegar a esse ponto, que torna tão difícil toda e qualquer outra situação para a arte. O problema é: desde quando algo como a "arte" existe — a partir do Renascimento —, nunca seu papel social foi tão pequeno, nunca sua existência foi tão marginal, embora nunca se tenha visto uma tal quantidade de artistas, uma tal massa de informações e conhecimentos artísticos a circular entre o público, nem filas tão grandes diante das exposições. O problema da arte

---

[130] Uma estudante que diz escutar habitualmente "músicas antigas" especifica em seguida: rock dos anos 70.

contemporânea é a sua total falta de peso na vida coletiva, e o mais engraçado é que seus profissionais se acomodam a isso perfeitamente — porque nunca ganharam tanto.[131] Mas haverá obras que darão conta, dentro de cem anos, do que estamos vivendo hoje? E haverá pessoas que disso sentirão a necessidade?

---

[131] Ao menos a produção artística contemporânea, diferentemente da grande maioria das outras atividades atuais, não é diretamente nociva. Ela é inocente. Não se pode nem mesmo falar de uma poluição das consciências, já que a influência real da arte contemporânea é nula e os artistas do mundo todo contam menos do que a última notícia dos *Reality shows*.